ロゴスの名は ロゴス

言葉の診察室②

呉智英

Kure Tomofusa

増補新版

ベスト新書

613

◉本書は「就職ジャーナル」誌に一九九四年十一月号から一九九八年九・十月合併号まで連載したエッセイに新稿五章を加え、一九九九年一月メディアファクトリーより刊行された単行本をもとにしている。二〇〇一年には双葉社の双葉文庫に収録された。此度ベスト新書から刊行するに際し、加筆修正を施してある。

【はじめに】ロゴスの名はロゴス

結城昌治『ゴメスの名はゴメス』は、日本のスパイ推理小説の初期傑作として知られている。これが書かれた一九六二年の時点で、日本人のからむ国際スパイ小説が成立しうるとは、誰も思っていなかった。為替レートが三百六十円のドルは海外持ち出し額が制限され、外国旅行など一般国民の念頭にはない時代である。南ベトナムではゴ・ジン・ジェム大統領が権力を強化し、アメリカ軍は軍事司令部を設置して介入を図り始めていたけれど、ベトナム戦争はまだ深刻化せず、日本人の重大な関心事にはなっていなかった。その南ベトナムの首都サイゴンで、主人公の日本人商社マンは国際政治の非情な流れに巻き込まれる。彼の周辺で次々に殺人事件が起きる。ダイイング・メッセージには決まってゴメスという名が……。

この小説の魅力は、個人の意思や感情を容易に圧《お》し潰《つぶ》す国際政治の冷厳さを先駆的に描いたことと、異様にも受け取れる同語反復の書名にある。主人公はゴメスを追い求め、ついにゴメスの名はゴメスと知る。虚しい同語反復に表れた徒労感、絶望感が余韻となって読む者の心を染めるのだ。

私が言葉にこだわるのは、これに似ていようか。言語学にも国語学にも素人の身でありながら、文筆を職業とすることで言葉《ロゴス》を追うはめになり、言葉の本体は論理《ロゴス》だと知った。ヨハネ福音書冒頭の「初めに言葉《ロゴス》ありき」は「初めに論理《ロゴス》ありき」とも訳せるのである。言葉《ロゴス》の名は論理《ロゴス》。しかし、この同語反復には徒労感も絶望感もない。私が徒労感と絶望感を覚えるのは、言論界で言葉を操る人たちの論理の欠落ぶりに対してである。それはまた彼らの文化や国際関係についての無知不見識にもつながっている。

一九九七年春、北朝鮮の要人黄長燁が韓国に亡命し、このニュースは日本にも大きな衝撃を与えた。主体思想の創案者である最高の理論家が、その主体思想の国を見捨てて亡命せざるをえないほど、北朝鮮は行きづまっていたのである。

新聞にもテレビにも「黄長燁」の三文字が躍り、アナウンサーも回らぬ舌で「ファン・ジャンヨプ」をトチりながら繰り返した。愚かなことだ。私は暗い気分になった。日本に住む日本人が朝鮮語ができなくても不思議ではない。「黄長燁」の朝鮮語読みを無理強《じ》いされなければならない理由などどこにもない。日本人は日本語読みをすればいいはずである。しかし、これに輪をかけて愚かな輩《やから》が言論界に棲息《せいそく》していることを知って、私はますます暗澹《あんたん》たる気持ちになった。

月刊誌「正論」の同年八月号に、翻訳家でもあり評論家でもある若生疆雄《わこうただお》の「ハングル読み強制は日本叩《たた》きだ」という一文を見つけたからである。

ここで若生は、「韓国・朝鮮」の人名や地名の「ハングル読み」を強制する風潮を批判し、「ファン・ジャンヨプ」などと言わずに、日本人は日本文化に誇りを持ち、それこそ主体思想も持って「こう・ちょうか」と読むべきだと、高らかに提言している。

日本文化もなめられたものである。朝鮮人にではない。文盲にも等しい日本の言論人にである。「こう・ちょうよう」を誇りと主体性を持って「こう・ちょうか」と読まれたんじゃ、日本文化は身内に凌辱されたも同然である。「燁《よう》」は、高校の歴史の授業で習う『後漢書』の著者范曄《はんよう》の「曄《よう》」と系統も読みも意味も同じで、輝かしさを表す。これを「か」と読んだりすれば、旁《つくり》に惑わされた百姓読みである。ついでに言っておくと、この「百姓読み」は私の造語ではなく、大槻文彦の『大言海』（冨山房）にも『広辞苑』にも『新明解』にも出ている日本文化が育んできた言葉だ。

「燁」は歴史的仮名遣い（字音仮名遣い）で描けば「えふ」である。中世以前の日本ではハ行音はH音ではなく、P音やF音であったから、「えふ」は「エプ」と発音した。これが現代朝鮮音「ヨプ」に近似するのは、もちろん偶然ではない。もともと支那語を表記するための支那文字、すなわち漢字が古代朝鮮を経由して日本に入り、時代と民族を隔《へだ》てて、片や「ヨプ」となり、片や「よう」となったわけだ。そして、戦後の非論理的な国語〝改革〟までは、この文化史的経緯を誰もが容易に文字の上にたどれたのである。

こういった事情を踏まえれば、日本人は誇りと主体性を持って「黄長燁」を「こう・ちょうよう」と正しく読めばいいのだし、また、朝鮮語読みで「ファン・ジャンヨプ」と読むことも日本文化の歴史的理解を深める上からも禁ずべきことではない。

私は、三流チンピラ言論人の小過を難詰しているのではない。若生彊雄は、私よりも年長、東京大学法学部を卒業し、ヨーロッパ渡航後、『新国際事情』も上梓している翻訳家で、評論も執筆している、と筆者紹介から知れる。問題の文章が掲載されたのも、いわゆるオピニオン誌の中で発行部数一、二を争う「正論」である。しかも、同誌は、朝日新聞をはじめとするいわゆる〝反日〟ジャーナリズムの欺瞞《ぎまん》や不見識を批判することを標榜《ひょうぼう》してきた雑誌なのである。

若生彊雄は字が読めないだけではない。若生の文章にはもっと大きな問題があるのだ。頻出する「ハングル読み」という言葉である。

実は私はハングルはほぼ完璧に読める。そして、朝鮮語はほぼ完璧にわからない。自慢ではないが、私は小学校五年生の時、某県ローマ字コンクールに学校代表で出場し、銅賞を獲得している。テングになった幼い私は、愚かにも、これでもうローマに行っても言葉には不自由しないと思った。増長はろくな結果を生まないという教訓話だが、それはさておき、幼く愚かな私と同レベルの誤りを若生は犯している。

ハングルは、十五世紀半ばに朝鮮で考案された表音文字である。これによって朝鮮語は漢語も朝鮮固有語も自由に表記できるようになった。「ハングル」とは「偉大な文字」という意味の固有語だから、ハングル表記のみで漢字表記はない。日本語はもちろん表音文字を持っている。平仮名・片仮名それぞれいろは四十八《しじゅうはち》文字の仮名文字である。外国人が仮名文字を習得するのは、我々がローマ字を習得するのと同じく容易である。しかし、仮名文字を習得したからといって日本語がわかるわけではないのは、ローマ字を習得したからといってローマ旅行で言葉に不自由しないわけではないのと、これも同じである。ハングルもしかり。私は韓国文化の案内書に付載されていたハングル表を見て、わずか二日間でこれを習得した。別段私が語学の天才なのではない。朝鮮語は今もって皆目わからないからである。

文字と言葉は別物なのだ。漢字の「ハングル読み」なんていうものは存在しない。あるのは朝鮮語読みである。漢字の日本語読みはもちろん存在しているが、漢字の「いろは読み」なんてものはありはしない。これと同じである。

朝鮮語そのものと文字であるハングルのちがいがわからない若生疆雄は、その帰結としてローマ字とハングルの混同さえしている。若生は問題の文章の中で、こう見得《みえ》を切る。韓国の最大手自動車会社「現代」を、日本人が「ハングル読み」で「ヒュンデー」と読む必要はない、というのだ。「現代」のハングル表記は현대である。これを、それこそハングル読みすれば、「ヒュンデー」ではなく「ヒョンデ」である。若生の言う「ヒュンデー」は現代自動車のローマ字ロゴ（商業用デザイン文字）Hyundae（Hyundaiとも書く）を見て、そのローマ字表記を読んだものであってハングル表記を読んだものではない。ローマ字表記を読んで「ハングル読み」と言うのなら、それは二重に誤りである。

言葉そのものと文字とを混同しているのは、若生疆雄だけのことではない。

朝日新聞の一九九七年五月二十六日付「ひと」欄には、全盲の高校教師の苦闘記が紹介され、少年時代のエピソードとして、ラジオのハングル講座に夢中になった話が語られている。ラジオでハングルが流れるというのもよくわからないし、盲人がハングルを憶えるというのもよくわからない。不可解な話である。一九九八年七月七日付の同紙同欄には、『ハングル』スピーチコンテスト」で最優秀賞を受賞した医師が紹介されている。ハングルのスピーチって何だろう。これはローマ字のスピーチ・コンテストのようなものかな。そうだとしたら、ローマ字と同じぐらいハングルも得意な私なら、まず銅賞は堅いところだ。朝日新聞だけではない。韓国通で、そのレポートには教えられることも多い産経新聞記者黒田勝弘でさえ、「日本の歌手に韓国語（ハングル）の歌詞で歌わせ」る（産経新聞一九九八年五月二十三日付）と書いている。

それにしても、かくも広汎に朝鮮語とハングルとの混同が生じている原因は何か。単なる無知以上のものがあるはずだ。そのヒントは、若生彊雄の「主体的な」文章の中にこれも頻出する「韓国・朝鮮人」という奇怪な民族名にある。

一体この地球上のどこに「韓国・朝鮮人」などという民族がいるだろう。いるのは朝鮮人である。これを自らの政治的立場に従って韓国人と言うのも別に誤りではない。しかし、「韓国・朝鮮人」などという名称併記民族など存在するはずがない。名称併記することが良識の証《あかし》だと勘ちがいしている愚か者も、朝鮮半島を「韓国・朝鮮半島」とは言わないだろうし、朝鮮語を「韓国・朝鮮語」とは言わないだろう。日本文化の伝統と発言内容の文脈に従って、朝鮮半島とも韓半島とも言えばいいのだし、朝鮮語とも韓国語とも言えばいいのである。それを朝鮮語とも韓国語とも言えない主体性の欠如が「ハングル読み」を生み、さらには「ハングル語」という妄想的言語さえ生みかねない勢いとなっている。

さすがにこの名称併記はおかしいと思う人も出てきたようだが、そういった人たちが考えついた便法は「コリア」である。在日コリアン、コリア民族、コリア語……。一九九六年に出版され、タブーにまでかなり突っ込んで話題になった労作、野村進『コリアン世界の旅』も、遺憾なことに「コリアン」を使っている。考えてみるがいい。ある民族がその伝統に従って、別に差別語でもない呼称で隣の民族を呼ぶことができず、地球の裏側にある国の言葉を使って呼ぶことが良識だとすれば、異常なことではないか。

イギリスの北アイルランドでは独立を叫ぶ過激勢力が武力闘争を繰り返している。彼らは自分たちがイギリス人と呼ばれることを望まない。一方、イギリスの多数派は、この地をイギリスの一地方だと考え、当然この地に住む人をイギリス人だと思っている。さて、この地のことを記事にしたいと思ったフランスの新聞記者が、この地やその住人をどう表記していいか悩んだあげく、地球の裏側の日本語を使えば公平だと思いつき、かの地をエーコック Aikoque、その住人をエーコッケーズ Aikoqais と呼ぶようにした——などということは想像もできない。その想像もできない異常なことが、日本では良識として通用しつつある。かつての植民地支配と在日朝鮮人差別への平板な贖罪《しょくざい》意識が、こんな異常な良識を作り出したのだ。

先ほど私は、差別語ではない伝統的呼称で隣の民族を呼ぶと書いた。しかし、伝統に従った公式名称が差別的であったら、どうなのか。そんなことがあるはずがないと思う人が多いだろう。しかし、ある。そして、これを原因として国際摩擦が起きたことは一度もない。

ロシヤ語ではドイツをゲルマニヤという。ドイツを呼ぶ名称として世界各国で普通に使われる言葉だ。しかし、ロシヤ語ではドイツ人を指す言葉は「ニェメツ」という。これは隠語や卑語ではなく、新聞にも書物にも出てくる正式の言葉である。ロシヤ語以外ではブルガリヤ語でも、これに近い「ネメツ」という言葉で呼ぶ。同系の言葉だ。さて、このニエメツとはどういう意味なのか。「唖《おし》」である。まともに言葉も（といってもロシヤ語のことだが）話せない唖のような民族、という意味なのだ。

きわめて差別的な民族名である。しかし、この民族名をめぐって独露で紛争が起きたことなどただの一度もない。ゲルマン民族の使命という妄想に取り憑《つ》かれたヒトラーがソビエト・ロシヤに攻め込んだ時も、逆にソ連の軛《くびき》から東独が解放された時も、この差別的な民族呼称は誰も問題にすることなく、もちろん今も使われ続けている。

あるいは、いずれ「ニェメツ」は差別語として抹殺されることになるかもしれない。しかし、それなら、ゴルバチョフはどうか。現職の政治家としてはロシヤ人として初めてノーベル平和賞を受賞したゴルバチョフは、その名前の意味がどんなものであろうと、将来に亙《わた》っても言い換えをすることはありえない。既に歴史的存在だからである。その「ゴルバチョフ」の意味は「せむし」である。何故かかる言葉が人名になっているのか。宗教的・習俗的な意味があるのか、共通の語原から分化したのか、詳しいことは私にはわからない。それはともかく、二十世紀末、世界中のテレビやラジオは「ゴルバチョフ」を連呼し、新聞や雑誌は、「ゴルバチョフ」と書き立てた。そして、以後、世界中の学校で現代史の授業や試験に「ゴルバチョフ」は最重要人名の一つとして出てくるのである。

差別語、不快語、不適切語……、こういったものが、文化も歴史も国際政治もそして論理さえも無視した空虚なレッテルだとわかるだろう。

言葉に関する無知は、文化に関する無知であり、歴史に関する無知であり、そして冷厳な国際政治に関する無知であり、そもそも論理に関する無知である。

本書は言葉についてのエッセイ集である。私は言葉について何ほどのことも知らない。文化についても歴史についても国際政治についても、無知浅学である。それでもなお、このような本を上梓《じょうし》するのは、ただ一つ知っていることがあるからだ。

ロゴスの名はロゴスであると。

『ロゴスの名はロゴス　言葉の診察室②』目次

ロゴスの名はロゴス　言葉の診察室②

カメラに「フィルム」を入れるのが日本式なのだ

言葉は論理である。こう書くと驚く人もいるだろう。言葉ってフィーリングじゃないの、とか、言葉で大切なのは感性だよ、とか思っている人が多いからである。大きな誤解である。確かに、言葉は意志や思考とともに感覚や気持ちをも表現する。しかし、ある感覚とある表現を結びつけて言葉にするのに働くメカニズムは、論理でしかありえないはずだ。言葉は論理なのである。ただ、この論理は、初等数学の論理のようには単純でない。なにしろ、複雑な人間の精神作用を表現するのだから。しかし、逆に、言葉という論理を考えてゆくと、人間の精神作用や文化現象というものがわかってくる。

なんだかむつかしそうな話だと思うかもしれないが、そんなことはない。例えば、こんなことを考えてみよう。

カメラに入れる「フイルム」である。

これを日本人の九割以上の人が「フイルム」と発音する。しかし、本来は「フィルムfilm」のはずだ。外国語の発音だもの、訛《なま》ったって当然じゃないか、うるさいことを言うなよ、と思うかもしれない。私もそう思う。日本語にない発音なのだから、訛ることは不思議ではないし、咎《とが》めることでもない。

では、電球の中に入っている「フィラメント」は、どう発音するか。L音がR音に訛ってはいるけれど、こちらは原音のfilamentにかなり近く聞こえる。filmを「フイルム(huirumu)」と発音すれば欧米人はまず理解できないけれど、filamentを「フィラメント(firamento)」と発音してもかなりの欧米人が理解してくれるだろう。母音の多いスペイン語ではfilamentoと言うから、さらに近い音になる。

ところで、このfilmとfilament、綴《つづ》りが似ているように、語原も同じである。filmが薄く伸ばした膜、filamentが細く伸ばした糸。もとの意味もよく似ている。それなら、filamentも「フィラメント」と発音すればいいではないか。filmとfilamentでは日本語の発音がちがうのは、どうしてなのだろうか。

それは日本語としての成熟の度合いのちがいによるものである。外来語は、外国語が日本語化した言葉だ。その大多数は明治以後日本に入ってきた欧米語を起原としている。ただ、言葉によって定着の度合い、成熟の度合いに差がある。「フイルム」は完全に日本語化している。田舎のお婆ちゃんでもフイルムを知らない人はまずいない。しかし、「フィラメント」はそうでもない。フィラメントを「電球の中の細い針金」としか言えない人もかなりいるだろう。つまり、「フィラメント」はまだ完全には日本語として成熟していないのである。そのために、日本語にはないFi音がもとのまま残っているのだ。

同じことは「ファン（支持者）」と「ファンタジー（幻想）」にも言える。野球のファンは日本中津々浦々にいるけれど、ファンタジー小説の愛読者はそうでもない。語原は同じ「熱狂・空想」なのに、日本語として成熟していない「ファンタジー」の方には、原音のFaが残っている。

〝正しい日本語〟が〝成熟した日本語〟のことだとすると、huirumuやhuanの方が、意外にも〝正しい日本語〟だということになる。現に、日本を代表する写真機材会社富士フイルムは「富士フィルム」ではなく「富士フイルム」が正式名称となっている。

言葉の論理性に注目すると、文化のこういう予想外の姿も見えてくる。

こんな話をこれから五十回書いてみよう。

「超」だの「ド」だのがついても由緒正しい言葉がある

日本語の文章は、原則として漢字・平仮名・片仮名の三種類の文字で表記される。時には「Aクラス」「NTT」「三K職業」「ベスト5」など、アルファベットや算用数字が使われることもあるが、これは特殊な場合だ。

漢字は、表意文字（表語文字とも言う）と呼ばれるぐらいだから、文章の中核となる抽象語や重要語に用いる。表音文字である平仮名と片仮名は、それ以外に広く用いる。平仮名と片仮名とでは、普通の文章では平仮名を用い、外来語や特殊な含意のある言葉など、特に強調したい言葉には片仮名を用いる。

以上のことは日本語表記の大原則だ。小学校の国語の授業で誰もが習っているはずである。ところが、これが少し崩れ出している。外来語以外でも片仮名が頻用されるようになっているのだ。

よく目にするのは「僕」を「ボク」、「君」を「キミ」とする例である。これは一九六〇年代の後半、今はなき若者向け週刊誌「平凡パンチ」から始まった。片仮名は音声を表す時に使われることが多い。そのため「ボク」「キミ」とすると、読者に親近感を抱かせることができる。会話らしさを強調し、読者に親しみを感じさせる。しかし、半面ではこれは軽薄な印象を与える。そういうことを承知の上で片仮名を用いるのなら表現上の一つの選択だが、無自覚に用いるのはやめたほうがいいだろう。

無自覚な片仮名表記は、必ずしも若者向け雑誌だけでなく、大新聞の記事にも見られる。これは会話らしさの強調とは別の事情が背景にある。例を挙げよう。次の文章をまず読んでもらいたい。
●白い衣類の洗濯の骨は汚れた部分のつまみ洗いだ。
読むのにひっかかるところがあったはずだ。洗濯のほね？　何だ、こりゃ、と思った読者が多いだろう。正しい読み方は「洗濯のこつ」である。「こつ」を「骨」と書くなんてそもそも知らなかった、という人もいるかもしれない。「骨法《こっぽう》（物事の骨格《こっかく》となる法則）」の略だから「骨《こつ》」である。

「骨」を「コツ」と書く新聞が多いのは、「骨」では「ほね」と読み誤る人が多いからだ。それなら「骨《こつ》」とルビ（ふり仮名）をふればよさそうなものだが、現在の新聞では、行数の関係から、原則としてルビをつけない。しかたなく「コツ」と書くようになり、そのうち、これが若者言葉のように思われ、定着しつつある。新聞の文章は国民が日常的に接するものだけに、適宜《てきぎ》ルビを使って、正確で多様な日本語表現が可能になるようにしてもらいたいものだ。

今の例とは逆の例も紹介しよう。

●来春封切りの映画は超ド級の迫力ある戦争巨編らしい。

「超ド級」なんて「超」だの「ド」だの、軽薄で下品な言葉だ、と思う人が多いだろう。「超」は安易で無教養な女子高校生言葉として識者の顰蹙《ひんしゅく》のまとだ。「ド」は強調の接頭辞だが、「ど百姓」「ど助平」など、卑語として使われる場合が多い。その「超」と「ド」が重なるのだから、特に下品だと思えるのだろう。中には、「超弩級」が正しいと言う人がいるかもしれない。しかし、「超ド級」は根拠のある言葉なのだ。今世紀初め英国海軍が造った大型戦艦ドレッドノートを基準にして、それを越える巨大戦艦を「超ド級」と呼んだ。これを物事の大きさの譬《たと》えに転用したのである。「超弩級」は、これを漢字に訳したにすぎない。

漢字・平仮名・片仮名を、正しくかつ的確に使ってこそ表現は生きるのである。

【補論①】

読者から、「弩」の字には意味があるという手紙をいただいた。弩は、大型の弓のことだから、軍艦にこの字を当てたのだという。漢字は表意文字だから、音訳するに際し、意味もそれらしい漢字を使う。その点では、確かに「弩」の字の選択に意味があると言えよう。

【補論②】

最近、意味もなく「もの」「物」を「モノ」と書く風潮が広がっている。一流の全国紙にも「そういうモノだ」などの表記が目につく。何にもモノを考えていない記者がふえているのだろうな。「物」を「モノ」と書くのは、小物紹介の「モノ・マガジン」(ワールドフォトプレス)から広まったのではないかと、私は見ている。プロの記者なら、ちゃんとモノを考えて書くモノだよ。

大きい「ツ」と小さい「ッ」には本質的なちがいがある

私の高校時代のことだ。世界史の授業で古代ローマ帝国の話になった時、教師がしきりに「アウグスッス」を連発する。何か変な気がして教科書の該当するページを見てみると、それは皇帝アウグストゥス Augustus のことであった。「アウグスッス」と「アウグストゥス」では大ちがいである。おそらく、この教師は自分の学生時代、教科書に「アウグスツス」と表記してあるのを誤読、「アウグスッス」と覚え込んでしまったのだろう。「ツ」の大小で一語全体の音感が全然ちがってしまうのだ。

なまいき盛りの私たちは、以後この教師を内心で小馬鹿にするようになった。しかし、実は自分たちでも気がつかずに同じ誤りを犯していたのである。私自身ずいぶん後になって知ったものがいくつかある。

秋も深まり寒くなると天気予報の気象概況によく登場するのがロシヤのカムチャッカ半島だ。これを「カムチャッカ」だと思っている人は多いはずだ。私も原語の綴《つづ》りを知るまで、そう思っていた。ロシヤ文字（キリル文字）をローマ文字に置き換えて書けば、Kamchatkaだから「カムチャツカ」である。ロシヤ人の発音では「カムチャトカ」に近く聞こえることもある。NHKのアナウンサーはきちんと「カムチャツカ半島」と発音している。彼らはだてに発音訓練をしているわけではないようだ。

ロシヤ語からもう一例出してみよう。

ロシヤ名物の強烈な蒸溜酒「ウォッカ」だ。これはロシヤ文学にも小道具としてよく出てくる。翻訳では「ウォトカ」「ウォッカ」「ウォツカ」などと表記されている。英語ではvodkaと表記するが、ロシヤ語ではこういう場合D音は清音のT音になる。語原上も英語のwater（水）と同系だから、「ウォツカ」が正しいことになる。ただし、「カムチャツカ」のような固有名詞ではないので、日本風に訛《なま》ってもかまうまい。「ウォッカ」でも「ウォツカ」でも「ウォトカ」でも、う〜い、酔っぱらっちまえば同じでぇい。

さて、こういう問題が起きるのはなぜだろうか。外国語を日本語で表記するのだから、ある程度の誤差が生じるのは当然といえば当然である。しかし、もう少し複雑な事情が関係している。日本語の表記は、表音文字である仮名文字と表意文字である漢字を併用する。しかし、仮名文字は、表音文字としての役割のほかに一種の発音符号の役割も果たしている。小文字の「っ」がそれだ。これは「つ」ではない。促音《そくおん》（つまる音）を表す符号である。文字を覚えたばかりの子供や外国人が「買た」「もらた」「腹へた」と書くのも、これに慣れていないからである。

さがしてみると、外来語ではない本来の日本語にも同様の例がある。

今ではよほど格調の高い文章でしか見かけなくなった「あまつさえ」（その上に、さらに）である。この言葉は本来「余りさえ」であった。これが促音便化して「あまっさえ」と変化した。古い時代にはこの促音便の符号の「っ」を小さく書かなかったため、「あまつさえ」という読み方が広がり、やがてこちらが主流となり定着したのである。

この逆が「かつて」である。本来は「いまだかつてない」のように打ち消しの意味で使うが、今では広く過去を表すようになった。この「かつて」が「かって」と書かれることがある。辞書もこれを追認しつつある。

どちらも文字の「つ」と発音符号の「っ」の混同によるものだ。現代仮名遣いで促音の「っ」を小さく書くのには、ちゃんとした理由があるのだ。

歴史的仮名遣ひって論理的でせう

若い読者からよく手紙が来る。私の著作を呼んで質問をしてきたり、講演の依頼だったり、ただのファンレターだったり、内容はいろいろである。文章もいろいろで、丁寧で立派なものもあれば、軽い調子のものもある。この軽い調子のものに批判的な大人もいるけれど、私は必ずしも悪いとは思わない。ケース・バイ・ケースだと思っている。先日、こんな手紙が来た。女子高校生だろうか、私の著作の感想を書いた後に、

「先生、こんどわたしとデートしませう♡」

と書いてあった。

私はコドモには興味がないから（熟女が好き）、「子守りはしません」と返事を出しておいたが、それはともかく、若い世代では歴史的仮名遣いを冗談めかした軽い調子の表現に

使う例が多いことを、この手紙は示している。反対に、短歌や俳句を愛好する年輩者などには、歴史的仮名遣いには典雅な雰囲気があってよい、という人が多い。

実は、これが両方ともちがうのだというのが、今回の話である。現代なお、歴史的仮名遣いで文章を書いている小説家や評論家は何人もいる。一九八七年に亡くなるまで現役作家だった石川淳もその一人だ。彼はその日本語論の中で、自分が歴史的仮名遣いを用いるのは情緒の問題ではない、論理の問題である、と述べている。これを初めて読んだのはかなり前のことだったが、私はびっくりした。私もよくありがちなように、歴史的仮名遣いは感情表現には向くが非論理な仮名遣いであると思っていたからだ。

石川淳はこう述べる。例えば「言う」という言葉は、どう活用するか。現代仮名遣いでは「言わない・言おう」「言います」「言う」「言う時」「言えば」「言え」だから、ワア行五段活用だと教える。だが、五十音表の一体どこに「ワア行」などというバカげた行があるのか。歴史的仮名遣いでは「言はない・言はう」「言ひます」「言ふ」「言ふ時」「言へば」「言へ」で、ハ行四段活用である。一つの行で一貫しているではないか。五十音表は、あれは活用表なのである、と。

こんなに明晰《めいせき》で論理的な国語論を、私は中学でも高校でも習ってこなかった。大学に入ってから読んだ教養書にも新聞の文化欄にも、やはり書いてなかった。石川淳の国語論を知ったのをきっかけに、私は認識を改めた。現代仮名遣いは、習得するのにラクなだけであって、決して論理的ではないのだ。それのみならず、歴史的仮名遣いの方が外国文化理解に寄与する面のあることにさえ気づいた。

朝鮮語では、日本語と同じように漢語がたくさん使われている。支那文化圏に属するという歴史的背景が同じだからだ。それら漢字語は、「朝鮮《チョソン》」「韓国《ハングク》」のように、日本式の漢字音をちょっと変えれば見当がつく。日本と朝鮮の近しい関係がよく表れているように思える。しかし、「甲」は日本式なら「コウ」だが、朝鮮式なら「カプ」である。漢字の受け容《い》れ方も、日本と朝鮮とでは全然ちがう、と思いがちだ。だが、「甲」は歴史的仮名遣いでは「カフ」である（漢字については「字音仮名遣い」とも言う）。漢字が入ってきたとき、「甲」を朝鮮では「カプ」と読み、日本では「カフ」と読んだ、という歴史的記録が、そこに残っている。「ビッグコミックスピリッツ」に長期連載された人気マンガ『美味しんぼ』（雁屋哲作、花咲アキラ画）では、料理だけでなくさまざまな蘊蓄《うんちく》が傾けられるが、一九九八年五月二十五日号には、こんなせりふがあった。

「醬油は旧仮名づかいで『せうゆ』と書くから」

「旧仮名づかい」というのは「歴史的仮名づかい」の侮蔑《ぶべつ》的俗称であるが、それはともかく、「醬油」は歴史的仮名遣いで「せうゆ」とは書かない。「しゃうゆ」である。「醬」は朝鮮語では「ジャン」。「シャウ」と「セウ」とではどちらが「ジャン」に近いか明白だろう。

歴史的仮名遣いは、文字通り歴史を体現した仮名遣いであって、「旧《ふる》くさい」仮名遣いなのではない。現代仮名遣いより歴史的仮名遣いの方が、日朝文化の相互理解を助ける面があることに、なぜかみんな気づいていない。

【補論①】

朝日新聞のコラム天声人語にこんなことが書いてあった（一九九九年六月十七日付）。アジサイを詠《よ》んだ俵万智らの短歌や俳句を三つ紹介し、「あぢさゐや真水の如き色つらね」という高木晴子の句について「そう、『あぢさゐ』（の表記）にも雰囲気がある」としている。雰囲気って、どんな雰囲気なのか。よく考えてみれば、そんなものはどこにもないのである。

【補論②】

短歌や俳句は歴史的仮名遣いで書いたほうが「雰囲気がある」とする奇妙な風潮が〝業界〟に拡がっているらしく、なんでもかんでも「い」を「ゐ」と書き、「え」を「へ」書くようになっているようだ。

保守系紙産経新聞の「産経俳壇」では宮坂静生と寺井谷子が選者となっているが、二〇二一年十一月十八日付には、宮坂選としてこんな句が載っている。

●雲脂《ふけ》にしか見へなひ冨士の初冠雪　塩尻市　神戸千寛

「見へなひ」では日本語に見えないだろう。

もう一人の選者寺井谷子の欄では月に一回は自称典雅な名句が選ばれている。

二〇二三年五月十一日付には、こんな投句があった。

●くすぶりてひよゐと火のつく春の宵　伊賀市　菅山勇二

「ひよゐ」って何のことだろう。

同年七月二十七日付の投句は、こうだ。

●世の中を置ゐてけぼりな青簾　福岡市　玉野忠

選者の寺井谷子は「い」が嫌ゐなんだろうか、活用形を知らなゐんだろうか。

あまりにもひどいので、私はこの八月、産経新聞社に抗議の手紙を送った。そのせいかどうか、九月七日付にこんな「お知らせ」が載った。「選者の寺井谷子さんが9月21日の掲載をもって退任することになりました」。寺井谷子には、かわいそうなことをしてしまった…かな。

白線までさがるのは「危険ですから」か「危ないですから」か

言葉は時代によって変わる。古い言葉を伝統的だからという理由だけで守らなければならないとは言えない。しかし、変わりきった言葉と変わり目にある言葉とでは、事情は微妙に異なる。

「そうだ」という言い方は、いくらか乱暴でとげとげしい言い方である。これを丁寧に言うと「そうです」となる。友人には「そうだ」でよいけれど、目上の人や来客には「そうです」と言うべきだろう。それなら、これをもっと丁寧に「さようでございます」と言ったらどうか。なるほど丁寧かもしれないが、いささか古くさい。七十歳以上の老人で、しかも若い頃は宮内庁に勤めていた人、という場合ならともかく、現在はまず使わない。つまり、ここでは言葉は変わりきったのである。

では、変わり目にある言葉とは、どういうものか。伝統的な言葉と今風の言葉が両方同じくらいの割合で使われている場合である。典型的なのはラ抜き言葉だろう。「食べられる」を「食べれる」、「見られる」を「見れる」という言い方である。これは、「られる」にもともと二つの意味が重なっていたからだ。

●家畜は人間に食べられる（受動）。
●人間の食べられる茸《きのこ》（可能）。

この二つの用法が分離して、可能の方がラ抜き言葉となった。従って、ラ抜き言葉は、伝統には反するけれど、それなりの理由がある。しかし、ラ抜き言葉はまだ美しくは響かない。軽薄で品がなく聞こえる。歴史が浅いからだ。美しさには熟成が必要である。そこで、言葉に美しさをも求める人は伝統的な「食べられる」を使い、言葉は意味さえ通じればいいやという人は「食べれる」を使う。こうして、この二つは両方とも通用している。二つを分かつ基準は美なのだ。

さて、ラ抜き言葉よりもう一歩進んで、その言葉が美しくないことさえわからなくなりかけたものがある。

駅の構内放送で、次の二つのうち、どちらが美しい言葉遣いをしているだろうか。

●危険ですから白線までおさがりください。
●危ないですから白線までおさがりください。
全く同じだと思う人が多いだろう。しかし、前者のほうが美しいのだ。

なぜか。

「です」の上に来るのは名詞（か、それに準ずる助詞など）であって、動詞や形容詞や助動詞などの活用する言葉は来ないからである。本来は「危険・です」とは言えても「危ない・です」とは言えなかったのだ。

今、我々は「危ない・です」式に慣れたので、これをおかしいと思わない。しかし、「です」をこれと等価の「だ」に置き換えればおかしいことはすぐわかる。「危険・だ」はおかしくないが「危ない・だ」は時代劇の百姓言葉のようになる。「危ない・です」はそれと同じように野卑な感じに聞こえる。

どうしても「危ない」を使いたいときは、どうするか。二つの方法がある。
●危ないのですから……（「の」を補う）。
●危のうございますから……（「ます」を使う）。
どちらも少し古い感じになる。それもあって、「危ない・です」式は広がったのだろう。

これを過去形にしたものは、今でも美しく感じない人が多い。「危なかったです」という言い方だ。会話で使う場合は許容範囲に入るかもしれないが、文章にする時は避けたい表現である。これは次のように書けばよい。

●危のうございました（「ます」を使う）。
●危ないことでした（「こと」「ところ」などを使う）。
●危なく思いました（「思う」を使う）。

東日本の訓読みと西日本の訓読み

一問だけ漢字クイズをやってみよう。なあに、むつかしくない。よく使う常用漢字の、それも読み方を問うだけのものだ。

〔問〕「谷」の音読みを書け。

簡単でしょ？「谷」の訓読みは「たに」。だから、こっちじゃない方を書けばいい。あんまり簡単だから答えは後まわしにして、漢字の読み方についておさらいをしておこう。漢字には大きく分けて二種類の読み方がある。音読みと訓読みだ。音読みは古代の支那での漢字音が日本化したもの、訓読みはその字の意味する日本固有の言葉である。地面が盛り上がって高くなっている場所を、支那では「サン」と言い、「山」という字で表した。朝鮮を経由して文字を輸入した日本では自国で言う「やま」がそれに当たるので「ヤマ」と読んだ。

音読みも訓読みも、さらに細分化できる。音読みは支那から日本に伝わった時代や地域の違いなどによって、漢音、呉音などに分かれる。「行」は漢音で「行進《こうしん》」、呉音で「修行《しゅぎょう》」となる。訓読みはその字に当てはまる固有の日本語だから、一つだったり三つも四つもあったり、さまざまである。「幸」は「さち」「さいわい」「さきわう」、さらに昨今では「しあわせ」などと訓読みできる。

こういった原則を理解しておけば、漢字の読み方が複雑だといっても、大きな誤りはしないですむ。基本をおさえておくことが大切である。

さて、先ほどのクイズの答えだ。おそらく九割ほどの読者が「谷」の音読みを「や」と答えたはずだ。しかし、正解は「こく」なのである。簡単だって言ったじゃないか、と怒る人もいるかもしれない。そうだ、簡単なはずだ。音読みなら、熟語を考えてみればいい。「渓谷《けいこく》」「大峡谷《だいきょうこく》」の「こく」だ。

では、なぜ多くの読者が「谷」の音読みを「や」と答えたのだろうか。

それは「や」が訓読みなのに単独で使われることがないからである。音読みは、漢字熟語にせず単独で聞いただけではわからない場合が多い。「たん」や「どく」がそれこそ単独で使われることはまずない。熟語にしないと意味がわからないのだ。音読みは本来、支那の言葉なのである。支那語と日本語とでは言語の系統も形態も大きくちがっている。従って、日本人にとって単独の漢字の音読みではわかりにくくなりがちなのである。一方、訓読みは単独でも十分意味が通る。日本の固有の言葉だからである。「たに」は、これだけで意味が通る。従って訓読みである。「や」は、これだけでは意味が通らない。従って音読みだ、と経験が誤って教えるのだ。

それなら、「や」で熟語を作ってみよう。「四谷《よつや》」「世田谷《せたがや》」「保土ヶ谷《ほどがや》」「深谷《ふかや》」「大谷《おおや》石《いし》」……、全部地名、しかも関東圏の地名ばかりだ。「や」は崖《がけ》や湿地帯を意味する東日本の古語なのである。語原はアイヌ語だろうと言われている。これと反対に、「谷《たに》」を「たに」と読む地名はほとんど関西圏のものである。「黒谷《くろだに》」「鹿《しし》ヶ谷《たに》」「桃谷《ももだに》」「一の谷《たに》」……、どれも関西にある。

「たに」と「や」、どちらも訓であるけれど、東日本と西日本の地名で截然《せつぜん》と分かれる。日本の東西文化の歴史的違いがここに現れているようだ。

意味がなんとなく通る時、誤用は見逃しやすい

たまには自分の恥ずかしい話も書いてみよう。一九七〇年代、私がまだ駆け出しの物書きだった頃のことである。大手の新聞・雑誌からはなかなか執筆の注文が来ず、小さな出版社の出すエロ雑誌もどきのB級誌にエッセイやコラムをよく書いていた。いや、それが別に恥ずかしいのではない。これもまたひとつの仕事だからだ。恥ずかしいのは、自分が無知だったこと、そして、長い間それに気づきもしなかったことである。

自分の文章が掲載された雑誌は、暇な時に他のページもパラパラと目を通すものだ。雑誌の傾向や性格がわかって、自分の仕事の参考にもなるからである。毎号送られてくる某B級誌を読んでいて、ある時、ふと思った。ここに出ている「更送」という言葉の正確な意味は何だろう、前にもこの雑誌で一、二度見た記憶があるが。

「こうそう」と読むのだろうと見当をつけて国語辞典を引いてみたが出ていない。新語のたぐいかもしれない。まあ意味はだいたいわかるからいいや、そう思って放っておいた。その数日後、私は新聞紙上に、「更送」とよく似た「更迭《こうてつ》」の二字を発見した。そこには、大臣だか長官だかが「更迭された」とあった。辞書を引くと、役職者を代える意味だと出ている。新語どころか、昔からある立派な漢語だ。それを私は知らなかった。そして「更送」という言葉があると思っていた。

いやはや恥ずかしい限りである。

おそらく、その雑誌で何年か前、「更迭」を「更送」とする誤植《ごしょく》（印刷のミス）が起きたのだろう。普通なら、あとでそれが誤植だと気づく。ところが、その某B級誌では誤植があることに気づかず、他の編集者までがこれに倣《なら》い始め、ついにその某誌では「更送」が定着したのである。幸い、この〝新語〟は某誌の外には広がっていない。

さて、この誤りの理由を考えてみよう。「更迭」と「更送」では字が似ており、しかも、意味もなんとなく通るからだ。「更」は「変更」の「更」、その下に「迭（かえる・すぎる）」がついても、「送（おくる）」がついても、役職者を代える意味で読めてしまうのである。言葉の誤用は、こうしたときが一番起きやすく、訂正されにくい。

例えば、「よこぎる」と「よぎる」。よく似ている。しかし、意味は違う。漢字で書けばわかる。「横切る（横断する）」と「過《よ》ぎる（通過する）」だ。踏切を「横切る」のは人間、踏切を「過ぎる」のは特急電車。意味は確かに別である。しかし、状況が重なる。それで誤用が起きやすい。権威ある学者の文章でも誤用がある。

イザベラ・バード『日本奥地紀行』は、明治初期の東北地方を初めてイギリス人女性が旅行した興味深い紀行文学だ。邦訳は高梨健吉慶應義塾大学名誉教授によるものが平凡社東洋文庫から出ている。その一節に、こうある。

「北国の道路をよぎる河川は水量が増して通行できなくなり……」（二〇〇ページ）

北国の街道を「横断する（横切る）」ように川が流れているのであって、街道を川が「通過する（過《よ》ぎる）」わけはない。意味が重なっている部分で使われるときは誤りに気づかないし、一応意味は通るので言い訳もできるけれど、この翻訳では明らかな誤用となっている。

もっとも、原文に当たってみると次のようになっている。

the rivers are so high on the northern road...（川は北国の道路のかなり上にある＝北国の道路は川に水没している）

原文には川が道を「横切る」とも「通過する」とも書いてない。誤訳というより純然たる日本語の誤用だろう。

この程度のミスは、どんな学者にもあることで、とくにあげつらうほどのことではない。しかし、学者の文章にではなく、予備校の校歌に誤用があるとなると、影響は大きい。東京の高田馬場にある早稲田予備校の校歌の二番にこうある。

「帰雁《かりがね》遠く西北の
　都の空を横切《よぎ》る時
　栄冠誰と競うべき」

「帰雁」に「かりがね（雁が音）」と無理なルビをふるのはまあいいとしても、それに続く「西北の都の空」というのがよくわからない。日本列島のどこか西北に都会があったっけ。これは「都の西北、早稲田の空」を、意味もなく転倒させてみたものらしい。そしてなによりも、「空を横切《よぎ》る時」とわざわざ誤ルビをしているのがまずい。この予備校、古文の授業は大丈夫だろうか。

「攻め合って」「防ぎ合う」から「せめぎ合う」なのか？

　前回は、意味がなんとなく通る時誤用は見逃しやすいという話を書いた。その続きだ。前回は、私自身の恥ずかしい体験から始めたけれど、今回は、ある若い人の恥ずかしい体験から始めてみよう。

　私はカルチャーセンターなどで文章表現講座をやることがあるが、面白い事例に出会うことがよくある。「恋愛」というテーマで小文を書かせた時、若い受講生がこんな文章を書いてきた。

●彼女の白いうなじに熱い口吻《こうふん》を注《そそ》ぎかけた。

　情熱的なラブシーンを描いたつもりらしいが、「口吻」が変だ。「吻」は、くちびる・くちばしである。「接吻《せっぷん》」は、くちばしのようにしたくちびるをくっつける。受講生はその接吻のつもりで「口吻」を使っている。しかし、「口吻」にそんな意味はない。
●嘘はついていない口吻である。
というように使う。くちぶりという意味だ。

私には彼がなぜこんな誤用をしたか、すぐわかった。「君がこの誤用をしたのは、誰か愛読する作家の誤用した文章を鵜《う》呑《の》みにしたからだろう」。私が言うと、彼は、たぶんそうですといった感じでうなずいている。

「私の知る限りでこんな誤用をしているのは、SM作家の団鬼六《だんおにろく》ぐらいだよ」。ほかの受講生がドッと笑い、誤用した受講生は真っ赤になった。

彼は大変に恥ずかしい思いをしたのだが、しかし、私が団鬼六の誤用を知っているのはなぜだろう。私も人前で恥ずかしいことを言ってしまったな。

さて、この「口吻」、若い受講生の誤用した文章でも、半分ほどは意味が通りそうだ。彼女の白いうなじに、愛しているよと言わんばかりの口吻《くちぶり》で睦言《むつごと》をささやきかけた、と解釈すれば、これはこれで通ってしまう。なんとなく意味が通る場合、誤用は起きやすいし広がりやすいのである。

当然、それは本来の意味が近い二つの言葉に生じやすい。半ば社会的に認知されかけた誤用もある。
●消費税についての与野党のせめぎ合いが激しくなっている。
新聞などでよく見る文章だ。しかし、「せめぐ」は本来このようには使わない。
●遺産相続から兄弟のせめぎ合いは始まった。
これが正しい使い方である。意味は、怨《うら》み合う・憎み合うということだ。漢字で書けば「鬩《せめ》ぎ合う」である。しかし、怨み合う・憎み合うということは争い合うことにきわめて近いため、混同され、誤用が定着しつつある。本来なら、与野党は攻防戦を演じる、すなわち「攻め合い」「防ぎ合う」はずだが、これに語感が近いことも誤用の原因だろう。よく考えてみれば、与野党が怨み合い、憎み合っているのはおかしい。別に理想論としての議会政治を言いたいわけではなく、もし本当に「鬩《せめ》ぎ合って」きたなら、自社連立政権ができるわけはないからだ。

一九九五年三月三日の朝日新聞夕刊に、先の阪神大震災関連の科学記事が載った。そこに断層について解説した次のような文章があった。

「地球を覆《おお》うプレート（岩板）同士のせめぎ合いによって内陸部に伝わる力で生じる」

岩板（盤）同士は怨み合っても、憎み合ってもいないと思うのだが、どんなものだろうか。

鎌田慧『ドキュメント 屠場』（岩波新書）には、こんな文章がある。

「枝肉を、その断面から覗き込むと、樹の切り株の年輪のように、赤身と白身がたがいにせめぎあって美しい模様をつくりだしているのがみえる」

赤身と白身は源氏と平氏じゃないんだから、別に怨み合っても憎み合ってもいないと思うのだが、これもまたどんなものだろうか。

【補論】

最近では珍しく「せめぎ合う」を正しく使っている例を見つけた。シベリア抑留体験のある詩人石原吉郎の評伝、多田茂治『石原吉郎「昭和」の旅』（作品社）である。そこにこうある。

「飢えや厳しい強制労働以上に、石原を苦しめたのは仲間たちのせめぎあいだった」。わずかな食糧をめぐって日本人抑留者同士が裏切り合い憎み合う。これがまさしく「せめぎ合い」なのである。

日本人は音声だけでなく文字でもしゃべっている

日本語には同音異義の言葉が非常に多い。「意義（のある読書）」「威儀（を正す）」「異議（ナシ！）」は、どれも同音で「いぎ」と読むけれど語義（言葉の意味）は異なっている。これが「異義」である。それでもあまり混乱が起きないのは、前後の文脈で意味が限定され、また、漢字を頭の中に思い浮かべるからである。日本語では話し言葉さえ文字の影響下にあるのだ。

同じことが固有名詞にも言える。「いとう」は「伊藤」か「伊東」か、「かわい」は「河合」か「河井」か「川井」か、漢字がわからなければ区別ができないし、反対に、漢字がわかれば判然と区別できる。

これがアルファベットを使う欧米人にはどうもむつかしいらしい。友人からこんな話を聞いたことがある。友人の会社は外資系で、時々、英文の指示書がまわってくる。そんな時に注意するのが、彼の部署に二人いる「あだち君」の区別だ。日本人なら「安達君」か「足立君」か簡単に区別できる。ヤスかアシかと聞けばいい。しかし欧米人は混同しがちである。そんなわけで、かえっていつも注意を払っており、その結果、ミスも起きなかった。ところが、部署の誰もが予想しなかったミスが起きた。「鈴木君」と「洲崎君」のとりちがえである。

我々にはとりちがえようのない「鈴木」と「洲崎」が、ローマ字では次のように酷似してしまうのだ。

●鈴木　Suzuki
●洲崎　Suzaki

漢字は「すず・き」「す・ざき」という単語構成のちがいまで表現しているのである。言葉は文字と深く結びついている。

同音異義・同音異語は、英語にもないわけではない。固有名詞の同音異義・同音異語ももちろんある。

映画史上屈指の名作といわれる『市民ケーン』の監督・主演は、G・O・ウェルズである。彼はこの映画でパン・フォーカスなど後世に影響を与えたさまざまな新技法を駆使して観客を驚嘆させるのだが、その前にも、ラジオドラマ『宇宙戦争』で全米の話題となっていた。あまりにもリアルなドラマ構成であったため、本当に火星人が襲来したと思う人たちが続出し、パニックが起きたのだ。社会心理学の教科書にもしばしば採り上げられる事件である。この『宇宙戦争』の原作者は、イギリスのH・G・ウェルズであった。つまり、ウェルズの小説をウェルズがラジオドラマ化したのである。この二人の「ウェルズ」、同音だが綴《つづ》りがわずかにちがう。H.G.Wells と G.O.Welles である。

こんな話もある。

三十年ほど前、ビートルズは新しいスターとして世界中の若者を熱狂させた。そんなビートルズをどう思うかと感想を求められたのが、クラシック界の帝王と呼ばれた指揮者のH・V・カラヤンであった。カラヤンは悠然とした態度でこの質問に答えた。

「ビートルズ？　どんなカブト虫のことなんだね」

虫の方も人間の方も同音の「ビートルズ」だけれど、これも綴りがわずかにちがう。虫ならその複数形は「Beetles」、リバプールの四人組のほうは「Beatles」である。このとぼけ方に貫禄が感じられると、カラヤンの株は上がった。

単語の日本語訳と語法の日本語訳

マスコミでは、あたかも抹殺されたかのように使われなくなった言葉がある。しばしば問題となるいわゆる差別語のことではない。差別語は「あたかも抹殺されたかのように」使われなくなったのではない。公開の議論もないまま、本当に抹殺されているのである。だが、ここはその問題を論じる場所ではない。差別語でもないのに、マスコミでは使われない一群の言葉がある。

●東京都美術館が新しく開館した。
●村営の山菜レストランを開店した。
●島で初めての英語教室を開講した。

こういった文章を新聞でもテレビでも全く見かけなくなった。全部「オープン」と言い換えられている。理由は不明である。「開館」や「開店」や「開講」をやめて「オープン」とすることに何の意味があるのだろうか。

●用地買収のために地元住民のコンセンサスを得るべきだ。

「合意」と言う代わりに、このように「コンセンサス」と言う風潮も定着した。これはまだ理解できないでもない。欧米の進んだ政治制度（これが本当だとして）をお手本にしようという意図がそこには込められているからだ。しかし、「開館」「開店」「開講」をやめて「オープン」と言い換えるのに、何か意味があるのだろうか。愚劣な欧米外来語の使用としか言いようがない。

　これと少しちがうのが、欧米の言葉や語法がいったん日本語に訳され、その上で定着した言葉である。

　G・ガーシュイン作曲のジャズの定番〝The man I love〟の邦題は、『私の彼氏』として定着している。直訳すれば「私の愛するところの男」となるが、これを『私の彼氏』とすれば、簡潔で視覚的にも美しい。ちょっと蓮《はす》っ葉な感じがするところもジャズっぽくてよい。大橋巨泉の名訳だといわれている。

　ところで、「ジャズの定番」の「定番」も、もとは英語だ。standard number を直訳したものである。最近では、決まりものというような意味に使う人も現れている。

●ビールときたら枝豆が定番だ。

しかし、もとの意味を知っていれば、これがかなり無理な拡大用法であることがわかるだろう。

「私の愛するところの男」の「ところの」も、本来の日本語にはない関係代名詞を日本語に移すために考案された言葉である。正確に言えば、言葉というより語法ということになろうか。日本語には関係代名詞という観念がないので、先人たちは苦労したようだ。言葉(単語)なら訳語を考え出すか、「コンセンサス」のように片仮名読みをすればいいのだが、語法はそうもいかないから困る。

●翻訳というものは、ことほどさようにむつかしい。

この「ことほどさように」も、英語のso～that～の語法を日本語に移し替えるために考案されたものである。当然、本来は「非常に～なので～である」という場合のみに使われた。現在では、「以上の例に表れているように」という意味に拡大使用されている。「ところの」も「ことほどさように」も、英文和訳以外の本来の日本語表現には不要なものである。いたずらに使わないことが望ましい。

【補論】

産経新聞のコラム「産経抄」には時々おかしな日本語が出てくるが、最近ではこんなのがあった。

「『ずいぶん骨が折れるでしょう』『はい、二年前骨折しましたが、今はよくなりました』。昭和天皇と柔道の山下泰裕さんとの、今でもほおがゆるんでくるような会話だ。ことほどに『骨』という言葉は日常会話によく出てくる」(二〇〇一年六月二十三日付)。

この「ことほどに」って何だろう。「ことほどさように」と「これほどに」を合成した新造語なのだろうか。

「鹿」と「猪」と「獅子」はどうつながるのか

学生時代は言葉に関心のあった人も、社会人になると関心も薄れ、その結果、自分の知らないところで恥をかいていることがよくある。そうならないためには、面倒がらずに辞書を引くことだ。良い辞書には意外な発見がある。

由緒ある寺や高級料亭の庭に、「鹿おどし」を見かけることがある。竹筒の中に泉から引いた水が流れ込み、それがいっぱいになるとシーソーのように跳ね上がって落ちる。その時、カコーンという美しい音を立てる。本来は木の芽を食う鹿を追うための装置が装飾品となったものらしい。

さて、将来、読者諸賢が有能なビジネスマンになり、鹿おどしが庭にある料亭で顧客の接待をすることになったとしよう。その時これを「しかおどし」などと言ったら、すべてがぶちこわしだ。「ししおどし」である。そして、これがなぜ「ししおどし」か、さりげなく説明できたら、教養ある接待係として合格である。

「しし」というのは、漢語ではない日本固有の古語で食肉用の野生動物を広く指す言葉である。本来は肉そのものを指した。漢字で書けば「宍《しし》」である。この字は「肉」の異体字だから、意味は同じだし、形もどことなく似ている。時代小説などで、豊満な女性を「太り宍《じし》」と表現したり、筋肉がよくついていることを「宍置《ししお》きのよい」と表現するが、この「宍」も同じ意味である。つまり、「しし」とは、筋肉・食肉・野生動物のどの意味でも使われたのだ。

日本で食肉用の野生動物というと、鹿と猪と氈鹿《かもしか》である。これが古くは全部「しし」の一語で総称された。区別する場合は「かのしし」「いのしし」「かもしし」であった。このうち、「いのしし」だけは現在も使われ、また「しし」は「いのしし」の略称と思われるようになった。

こうして、「鹿おどし」が「ししおどし」と読めなくなったのである。

というような話が、辞書を引けばちゃんとわかる。普段から辞書を引いておくと、話題の豊富な接待係を立派に演ずることができるのだ。

しかし、顧客だって、これぐらいは辞書で知っているかもしれないじゃないか、と、思う人もいるだろう。だが、心配御無用。初めにも言った。良い辞書には意外な発見がある、と。

例えば、戦前から出ている『大言海』（冨山房）である。

我々はもう一つ別の「しし」という言葉を知っている。ライオンを指す「獅子」だ。私がごく幼なかった昭和二十年代前半、幼児向けの童話などには「しし」と書いたものが多かった。この「獅子」はもとが漢語だから字がちがう。読み方も、訓《くん》ではなく音《おん》である。ライオンはアフリカのほか、インド西部にも少数棲息《せいそく》している。それを知った支那人が獅子と呼んだのである。では、なぜ、支那人はライオンを「獅子」と言うのか。『大言海』によれば、こうだ。「子」は「孔子」「老子」などの敬意の接尾辞、「獅」はサンスクリット語「シムバ」をその第一音で代表させたものだ。

そうなると、東アフリカで広く使われているスワヒリ語でライオンを「シンバ Simba」と言うのも、これと同原かもしれない。東アフリカとインドは古くから、インド洋を越えた交易があったのだから、同原であっても不思議はない。そうだとすると、ヨーロッパ系の「ライオン」などという言葉を使うより、「獅子」と言った方が、アフリカ・アジア・

日本の共通語にふさわしいかもしれない。

もっとも、誤用を防ぐためには、「獅子」より「ライオン」の方がいいと言えなくもない。産経新聞の一九九七年五月十三日の宗教欄に「手負いの獅子のように書き続けられました」とあった。もちろん、「猪」のまちがいである。

「鍵」に当たるのがアメリカ人、「鍵」に乗るのが日本人

言葉は論理である。これは本書の冒頭から言っていることだ。しかし、これが理解できない読者もいるかもしれない。言葉で重要なのは感性だよ、という反論も聞こえてきそうだ。確かに感性も重要だろうが、それを表現するのは論理なのである。ただ、その論理には意識された論理と意識されない論理がある。意識されない論理というのは、背景としての文化のことである。我々は無意識のうちに歴史や文化に従って言葉を使っている。逆に言えば、言葉を探ることによって普段は意識していない文化や歴史がわかってくる。

話が抽象的になった。具体的な例を挙げよう。

日本語の中にむやみと外国語（といっても英語やフランス語などの欧米語だが）を混ぜて話す人がいる。何か高級な感じがするのだろうが、あまり感心したことではない。もち

ろん、無意味な欧米崇拝《すうはい》だからである。

●試合にベストを尽くす。

よく使う言いまわしである。既に明治期の小説にも登場している。同じことを少し変えて次のように言うこともある。

●試合に最善を尽くす。

「ベスト」という英語を使うより、こちらの方が本来の日本語らしく思える。しかし、実はどちらもさしてちがわない。というのは、ともに英語の do one's best を日本語化したものだからである。do one's best は別に学術用語や専門用語ではない。英米人にとってはごく日常的な表現である。それを、全部翻訳するにしろ、一部英語を残すにしろ、日本語化して使うことに明治時代の書生たちのちょっとキザな欧米憧憬《しょうけい》が読み取れる。

皮肉なことに、この「最善を尽くす」、ある荘重な漢文訓読体の文章の中にも使われている。

「朕《ちん》が百僚有司の励精、朕が一億衆庶の奉公、各々最善を尽くせるに拘《かか》わらず戦局必ずしも好転せず……」

私に仕える官僚たちの努力、また私の赤子《せきし》たる一億庶民の奉公、それぞれ最善を尽くしたにもかかわらず戦局は好転しない……と言っているのは、もちろん「朕」なのだから天皇であり、これは一九四五年八月の終戦詔書《しょうしょ》である。英米の横暴に抗すべく開始した大東亜戦争の敗北を認める詔書に、英語直訳表現が使われているのも、何か皮肉である。

たいていの英和辞典には、do one's best は結果が悪かった時、最善は尽くしたのだが、という含意で使われる、と説明してある。終戦の詔書はこの好例であり、英語の正確な用法に従っていることになる。

もう一つ、もっと親しみやすい例を挙げておこう。

●交渉はデッドロックに乗り上げた。

せっかく順調に進んでいた交渉だったが、思わぬ難問が持ち上がって頓挫《とんざ》してしまった、という意味のようだ。新聞や雑誌などでもよく見かける表現だ。これも定着したと認めていいのだろうか。

この文章でも問題になるのは、「デッドロック」にどうして「乗り上げる」のかである。「乗り上げる」のなら「暗礁《あんしょう》」のはずだ。「デッドロック（deadlock）」は「開かない鍵」である。正しくは、

●デッドロックに突き当たった。

となる。

RとLの発音の区別が苦手な日本人には、deadlockがdeadrock（死の岩）に聞こえ、そのため、つい「乗り上げ」てしまったのだ。この誤用にも、日本語と英語の発音体系という文化のちがいが反映している。言葉は文化であり歴史であり論理なのである。

「r」と「R」、発想のちがい

中学・高校の数学の授業で、数式に悩まされた人は多いだろう。「a、b、cを三辺とする三角形」とか「二国の人口をそれぞれ、n、m、とすると」というやつだ。いや、御心配なく。今から数式を並べ立てようというのではない。私だってこの年齢《とし》で数学なんて思い出したくはない。言葉の話だ。

このa、b、cとか、n、mとかのアルファベットは、全く任意に選んでよかった。三角形の各辺は、a、b、cでも、j、k、lでもいいのだし、二国の人口も、n、mでも、p、qでもかまわない。使いやすいアルファベットを使えばよい。しかし、必ず半径はrであり直径はRであった。これは何故だろうか。

容易に想像がつくように、ラテン語のradius（ラディウス）の頭文字である。直径は半径の二倍だから大文字にしたわけだ。このradiusは英語でも、発音を「レイディアス」と少し変えただけで、そのまま使われている。これは、車輪の輻《や》（スポーク）のように中心から四方に放射する、という意味である。ちょうど、その輻が円の半径である。

さて、「輻」などという見なれない漢字が出てきた。「輻」を「や」と訓読みするのは、今言ったように車輪の中心から矢のように放射されているからである。同じように、熱源から四方八方に熱が放たれることを「輻射《ふくしゃ》」という。地球が暖かいのは、太陽の輻射熱のおかげだ。太陽から車輪の輻のように熱が放射されているのだ。この輻射はradiation（レイディエイション）だから、「輻射」と「半径」はラテン語の語原は同じである。「輻射」には、もとになったラテン語の意味がちゃんと訳し込められているのだ。

しかし、最近では「輻射」をあまり見かけない。「輻」が制限漢字だからだ「ふく射」としたり、「放射」としたりする。「ふく射」では、何が「ふく」のか意味がわからない。「放射」も、もとのラテン語からは遠くなった。

もっとも、radiationには「放射（能）」の意味もある。熱になる赤外線の場合は輻射、有害な放射線の場合は放射、と同じradiationを訳し分けている。ついでに言っておくと、ラジオも電波を四方に放射するからradio（レイディオ）である。

話を半径の方に戻そう。

「半径」とは「径」の半分ということである。この「径」とは何だろうか。これは小道という意味である。それも、間道《かんどう》、すなわち抜け道のような小道である。『論語』雍也《ようや》篇に「行くに径《こみち》によらず」という一節がある。役職者である知人のコネに頼ることをしない潔癖な人物のことを指したものだ。コネを使って抜け道の小道を行かず、公私混同のない正道を歩むという意味だ。

では、何故「径」が抜け道なのだろうか。ここで、ほんの少しだけ数式を出す。全然むつかしくないからね。

円周上の一点aから、その正反対にある一点bに行くとしよう。ちょうど半円上を歩むことになる。その距離はπrである。もし、円周上を正しく歩まず、円を突っ切る抜け道（つまり直径）を歩めば、その距離は2rである。2rの方がπrより近い。直径は円周上を移動することにおいては抜け道なのだ。

さて、以上の話から、ラテン語と漢語の発想のちがいもわかるだろう。ラテン語は車輪の幅《や》で考えているからラディウス（半径）を基準にし、漢語は円周を突っ切る近道で考えているから直径を基準にしてその半分を半径としているのである。

「ドれミ」ときたら「ソらシド」だよ

窓の外を幼稚園児たちが歌を歌いながら通ってゆく。先生に連れられて近くの公園に行くらしい。晩秋のひと時、のどかで微笑《ほほえ》ましい風景だ。歌声がひときわ大きくなった。

〽ドはドーナツのド

レはレモンのレ

アレレレ、レモンのレ？　本当かね。これまで気にもしていなかったが、今あらためて疑問が湧いてきた。ドレミdo―re―miのレreはレモンlemonのレleじゃないぞ。しかし、子供たちは、私の胸中のそんな疑問など意に介する気配もなく、元気いっぱいに歌いながら通ってゆく。

〽ミはみんなのミ

ファはファイトのファ
ソはあおいそら
ラはラッパのラ

アラララ、ラッパのラ？　またですよ。音階のラはlaだ。しかし、ラッパのラは、どうか。「ラッパ」の語原には諸説あるが、『新明解国語辞典』が紹介するオランダ語説によればroeperだから、ラッパのラはraである。ペギー葉山訳の日本語版『ドレミの歌』ではLとRが二箇所も逆になっているのだ。

英語の原詞では、もちろん、そんなことはない。

〽ド　do—doe（雌の鹿）
レ　re—ray（日の光）
ミ　mi—me（自分を呼ぶ名前）
ファ　fa—far（うんと長い道）
ソ　so—sew（針仕事）
ラ　la—la（えーと、ソの次ね）

こんなふうに歌われている。ラの言葉が思いつかず、「ソの次」とごまかすところがユーモラスだ。ソの次のさらにその次、シが面白い。

日本語訳では、

〽シはしあわせよ

英語では、

〽シ　　ti—tea（ジャムやパンと一緒に飲むもの）

日本語の方はおかしくないのだが、英語の方が変だ。シがティになっている。レコードで聞いてもちゃんと「ティ」と言っているし、「ティはティー（お茶）のティ」と説明している。なぜシがティなのだろう。これは別にまちがいでない。英語ではシsiとティtiの両方が使われているのだ。

さて、もう一度日本語訳の方を見てみよう。七音階のうち四つまでもが外来語だ（ドーナツ、レモン、ファイト、ラッパ）。なぜか。日本語の固有語で語頭に、濁音、ラ行音、F音がつく単語は事実上ないに等しいからだ。固有語とは「和語《わご》」とも言って、現在我々が使っている日本語のうち、欧米からの外来語と漢語を除いた土着の言葉のことである。国語辞典をパラパラと見てみればわかるが、語頭に濁音やラ行音がつくのは外来語か漢語ばかりである。f音は現在の日本語にはそもそもない。漢語では子供たちが聞いても親しみを持てないとなると、外来語を使うよりしかたがない。ドーナツ、レモン、ファイト、ラッパ……、いずれも子供の喜びそうな外来語だ。

残りの三音階の分は、「みんな」「そら」「しあわせ」、いずれも、濁音でもラ行音でもなく、もちろん外来語でも漢語でもない日本の固有語である。

月や雲に命令してどうするの

小料理屋の卓を囲んで、白髪の老紳士たちが慨嘆している。「近頃の大学生の無教養ぶりったらありませんな」「そうです。読み書きも満足にできんのですから」。

聞くともなしに聞いていると、どうやら彼らは旧制高校・帝国大学卒の教養人らしい。現代のレジャーランドと化した大学と社会的エリート養成のための旧制高校・帝国大学とでは、学生の教養に差があるのも無理はない。でも、それは学生だけのことかな、と思いながら、さらに聞いていると、紳士たちはこんな具体例を挙げて悲憤慷慨《ひふんこうがい》している。

「ほら、三高の寮歌、御存知でしょう」「ああ、名曲ですな。私は一高ですが、もちろん歌えますよ」「今の京大生も喜んで歌ったりするようですがね、しかし、歌の意味がわかっとらんのですわ」「無教養な連中のことだからねぇ。嘆かわしいことです」

三高の寮歌なら、戦後生まれで東京の私大卒の私でも知っている。沢村胡夷《こい》作詞、作曲者不詳の『紅萌《くれないも》ゆる丘の花（三高逍遥《しょうよう》の歌）』のことである。最も有名な第一番は次のようなものだ。

〽紅萌ゆる丘の花
早緑《さみどり》匂う岸の色
都の花に嘯《うそぶ》けば
月こそかかれ吉田山

前半の二節は、いくら今時の大学生にでも簡単にわかる。問題は後半だ。

「『嘯く』を『嘘をつく』と思っとるんですよ」「バカですなあ。『詩歌《しいか》を吟《ぎん》ずる』に決まってますのに」「しかもですよ、『月こそかかれ吉田山』をですな」

と、一人の紳士は語気を強めた。

「『月よ、かかれ吉田山に』と思っとるんですよ」「タハッ、そりゃひどい」

読者諸兄諸姉は、もちろん、正しく解釈おできだろうな。私はそう信じている。この「かかれ」は命令形ではない。強調の「こそ」を受けた係り結びの已然《いぜん》形である。当然、「都の花の美しさに歌を歌うと、なんと月までも吉田山にかかっている」という意味である。確かに、老紳士たちの言うように、今時の大学生は無教養だ。意味も知らずに喜んで歌っているんだから。

しかし、教養ある老紳士たちはお気づきではないだろうが、今時の大学生ならぬ大学者もひどいものだ。

文芸ものの名門出版社新潮社から『新潮日本古典集成』という全八十余巻の古典全集が出ている。原文、注釈、現代語訳が揃った編集で、この種のシリーズの中でも人気が高い。その一冊に『與謝蕪村集《よさぶそん》』（清水孝之校注）がある。ここに次のような蕪村の俳句の現代語訳が出ているのだ。

甲斐《かひ》がねに雲こそかゝれ梨の花

甲斐の国に山梨の花が白く咲き続く。和歌に決って詠《よ》まれる甲斐が嶺《ね》に、白雲よかかれ。

これじゃ、吉田山に月よかかれと命令する今時の大学生を非難できない。国文学の大学者（かどうか知らないが）清水孝之も係り結びを知らないのだから。この『與謝蕪村集』、一九七九年の初版以来、今も版を重ねているが、読者の誰一人この誤りに気づかないのか、いまだに訂正されていない。

　それだけではない。永田書房という和歌俳句関係の本を出している出版社から『評釋蕪村秀句』という本が出ている。著者は永田龍太郎とある。発行者と同一名義だから、社長自らも著者となり、俳句の研究書を出しているのだろう。この本の発行年は一九九一年だ。永田はここで「甲斐がねに雲こそかゝれ梨の花」の句に次のような評釈をしている。

「和歌には決まって詠まれる甲斐が嶺に、白雲よかゝれ、というが、梨の花が雲に似ている形容などこゝでは少しも表わさないで、直《じか》に『雲こそかゝれ』と言っているところは、和歌などとその表現を異《こと》にしている」

　前半部分の酷似した文章から見て清水孝之の新潮社版を参考《ひょうせつ》したようだが、係り結びも知らない無教養まで参考《ひょうせつ》しちゃったわけだ。日本中に無教養こそ広がれ（命令形かな、已然形かな）。

牛から落馬することもある

感心できない言い方、避けるべき言い方の一つに、「重言《じゅうげん》」がある。同じ意味の言葉を重ねて使うことだ。

●馬から落ちて落馬した。

というのが典型例で、これがおかしいことはすぐにわかる。しかし、正否の判断が微妙な場合もある。

●うしろに退《しりぞ》いた。

●目から涙を流した。

確かに、退くのはうしろに決まっている。涙が目以外から流れるはずがない。しかし、この例文から「うしろに」や「目から」を除くと、わずかながら印象が変わる。法律の条文のように無機的でギスギスした文章になる。言語学では、こういう場合、例文には「余剰性（リダンダンシー）」があると言う。平易に言えば、余裕のある文章ということになろうか。意味のある無駄と言ってもいいかもしれない。

中には、もとの語義が忘れられて、重言でなければ意味が通じにくくなってしまった言葉もある。

「ワイシャツ」がその代表である。これが「ホワイト・シャツ」の転訛《てんか》であることはよく知られているが、それでも「白いワイシャツ」は不自然に聞こえない。「青いワイシャツ」や「縞《しま》のワイシャツ」が出てきたためだ。洋品店などでは「Yシャツ」と略記することもある。書く手間がさして節約できるとも思えない。これはむしろ、襟《えり》からボタンへの線がYの字の形を連想させるのだろう。

「赤いルビー」も語原を考えれば重言である。ラテン語で「赤」を意味する「ルベウスrubeus」が「ルビー」の語原で、英語の「レッド red」もここから来ている。

新聞や雑誌の名前によく使われる「ジャーナル」も、日刊紙に使われれば重言だということになる。語原は「ダイアリー diary」すなわち「日記・日誌」だからだ。そうすると、これも週刊誌や月刊誌の名前としては不適切だということになるが、欧米人でもそんなことを気にする人はいない。

「ワイシャツ」「ルビー」「ジャーナル」はどれもが外来語だから重言も気にならないし、本来の語義と矛盾する形容詞がついても気にならない。しかし、外来語ではない日本語にも、そんな例もある。

「白い白墨」がそうだ。「赤い白墨」や「黄色い白墨」があるから、「白い白墨」でおかしくはない。そもそも、「白墨」自体がおかしいといえばおかしいのだ。「墨」は「黒」だから「墨」なのである。最近では、「白墨」をやめて「チョーク」を使うことが多い。これならどんな色でも大丈夫だ。

　しかし、新聞などで明らかにおかしい文章を見かけることがある。少し古いが、一九八七年十一月二十一日の朝日新聞に、南アフリカの歴史を紹介した特派員報告が載った。その中に、こう書かれている。

「アフリカーナーは、牛にひかせた幌《ほろ》馬車に家財道具を積み、内陸へ、内陸へと逃れ……」

「牛にひかせた幌馬車」はおかしい。「牛車《ぎゅうしゃ》」とすべきだが、そうすると、日本の平安貴族が乗った「牛車《ぎっしゃ》」とまぎらわしくなる。「牛にひかせた荷車」ぐらいが妥当だろう。アルゼンチンのフォルクローレのギタリスト、アタウアルパ・ユパンキには『牛車にゆられて』という名曲がある。かつては「ぎっしゃ」と読むことが多かったが、最近では「ぎゅうしゃ」と読むようになった。それはそうだろうと思う。

ところで、このアフリカーナーの「牛にひかせた幌馬車」の馭者《ぎょしゃ》が落ちた場合、「牛から落ちて落馬した」と言うのだろうか。

世界に広がる日本的怪獣命名法

一九九五年末公開された『ゴジラvsデストロイア』は、日本製作ゴジラシリーズ最後の作品になるということで話題を集めた。確かに、一九五四（昭和二十九）年の第一作『ゴジラ』のインパクトは、後のシリーズになるに従って弱くなった。第一作の『ゴジラ』には、当時南太平洋の島で行なわれていた核実験への不安が善悪混沌とした破壊衝動として表現されており、後の単なるお子様向け娯楽映画となったゴジラシリーズとは格がちがっていた。惰性で続篇を作り続けるよりは、ゴジラの名誉のためにもここいらでシリーズに幕を下ろした方が賢明というものだろう。

さて、このゴジラ、日本特撮映画史上第一に挙げるべきヒーローであるだけに、後世に多大な影響を与えている。それは、特撮技術発達の基盤となったというにとどまらない。

ゴジラは、怪獣の命名法の原型となったのである。

そもそも、「ゴジラ」という名前は「ゴリラ」と「鯨」の合成語にすぎない。大きい動物を二つくっつけただけの名前で、まるで子供だましの駄洒落《だじゃれ》のようだが、『大辞林』や『大辞泉』といった権威ある大型国語辞典にも、そう書いてある。しかし、この駄洒落が結果として非常によかった。

まず、英語圏の諸外国で評判になった。当然ながら「ゴリラ gorilla」に語感が近く、それが先行作『キング・コング』を連想させた。同時に、ゴジラの英語綴《つづ》り Godzilla に God（神）が入っていることが、神の怒り、最後の審判をも連想させた。こうしてアメリカでも『ゴジラ』は人気作となった。アメリカ人もまさか「ゴリラ」と「鯨」の駄洒落だとは気づかなかったのだろう。

しかし、命名の妙は日本でこそ効果が大きかった。怪獣の名をつけるのなら、濁音とラ行音だ、ということになったのである。前にも書いたように、日本語の固有語には濁音とラ行音がきわめて少ない。だから、短い音数の中にこれを多用すると異様な感じがする。これが怪獣の名にぴったりであった。かくして、アンギラスやらラドンやらが後に続くことになった。

アンギラスやラドンは、まだしも地質時代の巨大爬虫類の名を短縮したものであった。しかし、そのうちに現存動物名の語尾に単にラをつけただけのものが現れた。モスラである。これは「モスmoth（蛾）」にラをつけただけだ。ラって、一体何なのだろう。怪獣を表す接尾語とでもいうのだろうか。

ガメラに至っては、「亀」を濁音化し、それに怪獣の接尾語ラをつけている。この濁音化も、怪獣を表す濁音化とでも言うよりほかはない。いずれにしても、外国人には全く理解不能な命名である。

ところが、この怪獣名が新発見の古生物化石の学名になったのである。「コミック・トム」連載の恐竜図解記事『太古のニューフェイスたち』（金子隆一：文、星野之宣・本多成正：イラスト）の一九九五年十二月号分によれば、最近支那で発見された「シネミス（支那の亀）」に属する新種の化石が「シネミス・ガメラ」と命名されたのだ。甲羅の形がジェット機の尾翼のようで、これが空飛ぶ亀「ガメラ」を思い起こさせたらしい。日本人にしか通じなかった海獣命名法による名前が、実在の古代獣の学名として世界中に通用することになるとは。こんな国際化もあるのだ。

ガメラやゴジラやモスラのようにスター級の怪獣の場合は、それでもどこか怖さを意識した命名である。しかし、毎回新怪獣が登場するウルトラマン・シリーズになると、B級通販商品のようなヤケクソの名前がついた怪獣も現れる。私が大笑いしたのが、「ウルトラQ」第二十三話のスダールである。体長百メートルの大だこだというのだが、「スダール」って「酢だこ」からつけた名前じゃないか。人間に捕まって酢だこになっていれば強いはずがない。脚本を書いた金城哲夫のふざけ方が面白い。このキッチュな味は、さすがに外国人にはわからないだろう。

女王様といも姉ちゃん

フランス人ジャーナリストと日本の小説について話をしたことがある。彼は日本語は少ししかわからないが、英語なら得意だ。私は英語は少ししかわからないが、日本語なら得意すぎるほど得意だ。そんなわけで、フランス語を使わないでも、二人はまあなんとか会話が成立したのである。

話は大衆小説の現状に及び、私が、「若い女性にはハーレクイン小説の愛読者が多くてね、いや、そのハーレクインってのはアメリカの通俗恋愛小説のシリーズで……」と、英語と日本語のチャンポンで説明を始めると、彼はそれをさえぎって言った。「オー、アルルカン、フランスの女性もよく読みますネ」。

フランスではちゃんと「アルルカン」と言うのである。

えっ、何のことなの、「ちゃんと」って、と思った人も多いだろう。そういう人は、ハーレクイン Harlequin を何かの女王 queen のことだと誤解しているのだ。レースクインやビデオクインなんてのもあるし、「ハーレ」がよくわかんないけど、まあ「恋の女王」て感じかな、うふっ、あたしのことね、などと思いながら。

どうやら、版元の方では、この誤解はむしろ歓迎らしい。女性読者に好印象を与えれば営業政策にかなっているからだ。しかし、まちがいはまちがいである。女王どころか、ハーレクインは男なのだ。

ハーレクインは、フランスやイタリアの伝統的な恋愛コメディの主人公である。その相手役の女性はコランバイン Columbine という。恋愛小説のシリーズ名が「ハーレクイン」なのは「恋のお相手」という意味が込められているからだ。「恋のお相手」と「恋の主人公」では、立場が逆である。西洋人には古くから親しまれてきたこの恋愛コメディも、日本人には全く知られていない。日本人は自分もよく知っているクイン queen で勝手に解釈しているのだ。

その逆もある。

ジャガいもにメイクイン May queen という種類がある。私は長い間これを make in だと思っていた。なんとなく「(いもを) 土の中に仕込む」という感じがする。また made in～の現在形だと考えれば「産地直送」を連想させる。いかにも農産物という名前だ。しかし、それらは全然関係がない。本当は「五月の女王」、つまりヨーロッパの五月の春祭で女神の役をする女性のことだったのである。

普通、日本語では女性を称《たた》える時、いもになぞらえたりはしない。「いも姉ちゃん」は決してほめ言葉ではない。それもあって、ジャガいもが「女王」だとは思わなかったのだ。もっとも、「男爵」というジャガいももある。どうやらジャガいもはロイヤル・ファミリーを形成しているらしい。

ところで、このqueenだが、「女王」と「王妃《おうひ》」の二つの意味がある。女王は女の王様、王妃は王の妻である。似ているようで意味は大きくちがう。イギリスのQueenは「女王」であって、「王妃」ではない。エリザベス女王の夫君はエジンバラ公だから、彼は王Kingではない。エリザベス女王が王なのであり、公的な立場では夫君より上位なのである。一方、トランプのQueenは「王妃」であって「女王」ではない。それより上位にKingがあるからだ。我々は「スペードの女王」などと言いならわしているけれど、正確には「スペードの王妃」なのである。

「照る山」や「きら星」はまだいいけれど

秋になると愛唱される文部省唱歌に、こんな歌がある。小学校時代、誰もが歌った記憶があるはずだ。

紅葉《もみじ》

高野辰之作詞
岡野貞一作曲

秋の夕日に照る山紅葉
濃いも薄いも数ある中に
松をいろどる楓《かえで》や蔦《つた》は

山のふもとの裾模様《すそもよう》

この初めの一節、たいていの人が「秋の夕日に照る山、紅葉」のつもりで歌っている。楽譜を見ても小節の区切りはそうなっている。しかし、そうだとすると、山と紅葉との関係はどうなるのか。「秋の夕日に照る山」はいいとして、その後の「紅葉」は単独で、つながりがわからない。ここは「秋の夕日に照る、山紅葉」なのである。山紅葉が秋の夕日に照り映えているのだ。

歌の場合、歌詞の区切りとメロディの区切りに時として齟齬《そご》が生じる。作詞と作曲が別の人の手になるものである以上、やむをえないことかもしれない。ところが、歌ではない文章も、成句のたぐいでは、同じ種類のまちがいを生じやすい。成句を勝手に別の区切り方で読んでしまうのだ。

●間髪を入れず

これは、ただちにという意味で「間髪を入れず反撃する」というふうに使う。当然、間《あいだ》に髪一本も入れることなくということだから、「間《かん》、髪《はつ》を入れず」と読まなければならない。しかし、つい「間髪《かんぱつ》を入れず」と読んでしまう。「間《かん》」も「髪《はつ》」も漢語であり、このままでは使われにくいため、このようなまちがいが生じるのだろう。だが、これはまちがいであることがすぐにわかる。わからないまま、まちがいが定着しつつある例もある。

●綺羅星のごとく

「舞台には有名な女優たちが綺羅星のごとく並んでいる」などと使う。「綺羅」には糸偏がついている。美しい絹織物のことだ。すなわち、美しい衣装（の女優たち）が星のように並んでいるのだから「綺羅《きら》、星《ほし》のごとく」でなければならない。しかし、星の輝きの擬態語「キラキラ」からの連想で、つい「綺羅星《きらぼし》のごとく」と読み、これが定着しつつある。片仮名で「キラ星のごとく」と書く例さえ見かけるようになった。しかし、これも、意味は大きくちがわないから、まあいいだろう。ところが、先日とんでもない例を新聞で見かけた。

一九九六年一月二十八日付産経新聞の「産経抄」である。これは同紙の顔とも言うべき一面の連載コラムだが、ここに次のような一節があった。

「いつの世も、言挙《ことあ》げせずにいられないことは多かったし、それが人の習い性というものだろう。しかし、日だまりではフキノトウが顔をだし、梅は咲き、雪の下でフクジュソウは開花の準備に怠《おこた》りない」

世の中に言挙げ（言い立てる）すべきことは多く、また、言挙げは人の性《さが》である、と言いたいらしいのだが、「習い性」って何だろう。こんな言葉は辞書に出ていない。「習い、性《せい》となる」という成句ならある。習慣が生まれついての本性《ほんせい》のようになるという意味だ。どうやら、「産経抄」の筆者は「脂性《あぶらしょう》」や「照性《てれしょう》」や「凝性《こりしょう》」のような「習い性《ならいしょう》」があると思っているらしい。と、言挙げするのも私の「習い性」なんだな、きっと。

「武士」は明治以後出番が多くなった

東京浅草といえば、江戸情緒の残る門前町だ。その浅草の観音様のすぐ東を隅田川が流れている。隅田川の両側は桜の名所隅田公園、公園の北隣が永井荷風『濹東綺譚《ぼくとうきたん》』で有名な旧遊廓向島《むこうじま》だ。この界隈には歴史を感じさせる風情《ふぜい》がある。隅田川を渡る橋はその名もゆかしい言問橋《こととい》。『伊勢物語』に出てくる在原業平《ありわらのなりひら》の歌「名にし負はばいざ言問はむ都鳥、我が思ふ人はありやなしやと」にちなんだ名称である。

さて、この言問橋、いつ頃出来たものだろうか。名前の感じからみて江戸時代には木製の粗末なものながら既にあったような気がしないでもない。しかし、これが竣工したのは、なんと一九二八（昭和三）年のことなのである。名前のゆかしさについ眩惑《げんわく》されがちだが、実は意外に新しいのだ。

成句や諺《ことわざ》のたぐいにも、似た例がある。

一年の十二箇月は、日数が三十一日ある大の月と三十日の小の月（二月は特例）とに分かれる。これを区別して憶えるための成句もどきの言葉がある。

●西向く士《さむらい》

二、四、六、九、十一の各月が小の月であることを暗記するための意味のない語呂合わせだ。私も小学校に入る頃祖母に教わった記憶がある。

この暗記法、いつ頃から広まったのだろう。江戸時代にはありそうな気がするが、少し考えてみれば、明治初めまであるはずがない。二、四、六、九、十一月の月が小の月になる太陽暦（ローマ暦系のグレゴリオ暦）が日本で採用されたのは、一八七三（明治六）年の元日からだから、その前後にこの暗記法が広まったのである。

それまでは、二十九日の小の月と三十日の大の月がほぼ交互に来る太陰暦であった。月の盈虚《えいきよ》の周期は約二十九・五日だから、これで月齢と日付がおおよそ合うことになる。三日月《みかづき》ならほとんどは三日、十五夜（満月）ならたいてい十五日、というように、月齢がそのままカレンダーであった。ただ、これでは一年が十一日ほど余ってしまうので、三年に一回ほど同じ月を繰り返す閏月《うるうづき》を挿入した。こうして太陽の周期と月の周期を調整したのだ。だから正確には太陰太陽暦と言う。太陰暦は、月さえ見ればだいたいの日付がわかる。江戸時代の庶民には便利なものであった。明治になって近代化とともに、新しい暦法が採用され、これに慣れるために「西向く士」が口承されるようになったわけだ。武士が失業した明治に「士」というのも皮肉な話である。「武士」が入るこんな言葉もある。

●古武士

「質実剛健、まるで古武士のような風格の人物だ」などと言う。なかなか美しい言葉だ。しかし、「古武士」という言葉の初出例を挙げる辞書は少ない。古典にはまず出てこないからだ。『日本国語大辞典』は珍しく出典を明示しているが、それがなんと「戦陣訓《せんじんくん》」である。これは大東亜戦争開戦を控えた一九四一（昭和十六）年、陸軍大臣東條英機が陸軍への訓諭として発したものである。これより前「古武士」という言葉の用例はほとんど見当たらない。つまり、「古武士」はわずか半世紀余の歴史しかない言葉なのだ。

歴史学者の野口実は、「古武士」という言葉が新しい理由について、こんなことを言っている。武士は、むしろ古い時代ほど野盗とちがわない強暴な連中であった。それが忘れられた後世、質実剛健で禁欲的な「古武士」という幻想が出来たのだろう、と。

そう言われると、意外ではない。

「祭」が「神」のことだなんて、この漢字じゃわからないよ

表音文字アルファベットを使う欧米人から見ると、漢字は非合理的な文字に見えるらしい。アルファベットは英語なら二十六字ですべての言葉を記すことができる。一方、漢字は最大で五万字あるから、すべての言葉を記すには五万字もの漢字を憶えなければならない。だから非合理的な文字だ、という理屈である。

しかし、この理屈の方が実は合理的でない。五万字もの漢字を使うことは現実にはありえないからだ。すべての言語には約二千語の基本語がある。言語学者の研究によれば、この二千語を習得するとその言語で書かれた新聞の八五パーセントが理解できる。ワシントンポストでもプラウダでも朝日新聞でもそうである。すなわち、日常会話どころか、相当知的な情報を得ることもできるのだ。漢字は表語文字（表意文字とも言う）だから、基本

的な漢字を二千字憶えれば、基本語二千語を使うのにまず不自由はしない。こうしたこともあって、常用漢字（一九八一年九月までは当用漢字）は約二千字となっている。

何度も言っているように、言葉は論理である。その言葉を表記する文字も、当然、論理的・合理的なのである。ところが、この常用漢字、せっかくの文字の論理性・合理性をそこなっている面もあるのだ。

●日照りのため「ききん」になった。

この「ききん」を漢字で書く場合、二種類の字体の書き方がある。常用漢字を含むいわゆる新字体と、終戦直後まで使われていたいわゆる旧字体だ。

●飢饉（新字体）

●饑饉（旧字体）

この二例をよく見較べてもらいたい。旧字体の方が同じ偏で統一がとれていることがわかるだろう。「饑」も「饉」も、ともに食偏であり、食物に関係する字だから、この二字に統一性が見られるのは当然である。しかし、新字体だと、「飢」と「饉」の間に統一性が薄くなる。本来は同系統の字なのに、別系統の字のように思えてしまう。

事実、学校などでは「飢饉」は旧字体だからバツ、「飢饉」は「饉」という漢字などないからやはりバツになる。だが、字の意味から考えれば、こちらの方が正しいはずだ。当用漢字・常用漢字の〝漢字改革〟の時、中途半端で無意味な〝改革〟をしたため、文字の合理的な統一性が壊されてしまったのである。

新聞では、勝手に「饉」の字を作って同系統の文字の統一を保とうとしている。

●一九四五年ベトナム飢饉の死者は日越共同調査の一仮説では一九七万人（朝日新聞「素粒子」一九九六年五月十四日付）

「飢」と「饉」の偏はどことなく似ているからまだいい。大きくちがうのが示《しめす》偏である。これは神の祭壇を描く象形文字だから、神や祭りに関する偏である。

●祭礼（新字体）

●祭禮（旧字体）

新字体では「祭」と「礼」がなぜつながるのか理解しにくいが、旧字体だと「示」がその統一性を表している。天地の神を意味する次の言葉だと、もっと明らかだろう。

●神祇《じんぎ》（新字体）

●神祇（旧字体）

文字が本来持つ合理性を無視した〝改革〟が改革でないことは言うまでもない。

料理のイルカは魚偏

　言葉についてのエッセイを書いていると、「博識ですねぇ」と言われて、照れくさい思いをすることがよくある。博識などという立派なものではないからだ。ただ、次の二つのことは、いつも心掛けている。一、疑問に思ったら、すぐ辞書・事典を引く。二、気になった新聞記事はスクラップブックに集録しておく。この二つだ。ところが、このスクラップブック、切り抜きを貼りつけたまま忘れていることがある。庭の隅に骨を埋めておいた犬が、それを忘れているようなものだ。犬じゃないんだから、時々開いてみる必要がある。そうすると、新しい発見がある。

　ちょっと古いスクラップブックを見ていたら、こんな記事を再発見した。一九八三年十二月十二日付朝日新聞夕刊（大阪本社版）の特派員コラムである。

「グレナダへ出張した折に立ち寄ったバルバドスで、とあるレストランに入ったところ、名物料理のメニューに『蒸したイルカ（スティームド・ドルフィン）』というのがあった。ごていねいに『あのかわいいフリッパーではありません』という注がついている」

「このレストランのお客の最大のおとくいは、もちろんアメリカ人観光客。彼らがイルカを平気で食べる、というのが、ある意味での発見であった」

なかなか興味深い記事である。しかし、その翌日に掲載された訂正記事は、もっと興味深かった。

「おわび：十二日付記事で、スティームド・ドルフィンを『蒸したイルカ』料理としたのは、『蒸したシイラ』料理の間違いでした。ドルフィンは普通イルカを指しますが、魚のシイラの俗称でもあり、これを取り違えたものです。おわびして訂正します」

私はこの記事を書いた記者に同情する。悪い偶然が重なったのだ。まず第一に、「フリッパーではありません」というメニューの注を、ジョークのたぐいだと善意に誤解したこと。これは大真面目な注だったのだ。第二に、このドルフィン料理を実際に食べてみなかったこと。食べてみれば魚肉か獣肉かはすぐわかる。そして第三に、たいていの日本人の英語力では、ドルフィンにシイラの意味があるなどとはわからないこと。日本語の得意なアメリカ人でも、「やまくじら」が猪肉の料理だとわかる人はまずいまい。やまくじらの鍋料理に「捕獲が禁止されているあのかわいい鯨ではありません」と注がついていれば、かえってあやしまれるだろう。

英語をつい単純に日本語に移し替えて訳すと間違う例は他にもある。

宝飾品や高級時計などによく使われる貴金属に、「ホワイト・ゴールド」がある。これを「白金」だと思っている人が多い。そのまま日本語にすればそうなるような気もするが、白金はプラチナ platinum である。ホワイト・ゴールドはプラチナとは別の貴金属で、金に少量のニッケル、銅、亜鉛を混ぜて白色にした合金である。美しくて加工が容易なのでプラチナより広く利用されている。この訳語はなく、「ホワイト・ゴールド」のまで使われている。新しい訳語をあえて作れば「しろきん」だろうが、どうもまぎらわしい。ところが、さらにまぎらわしいことに、「白金」を「しろがね」と読めば、銀の古語雅語になってしまう。

この三つを整理して書けば、こんなふうになるだろうか。

platinum　　白金（はっきん）
white gold　　白金（しろきん）

silver　　　白金（しろがね）

というわけだ。

実は、このまぎらわしさ、日本語だけのことではない。platinum はラテン語の plata（銀）が語原なのである。どこの民族もこの区別には苦労しているようだ。

コンパスと数式

大学生も三年生四年生になると、就職試験の小論文や面接に備えて、正しい言葉に関心を持つ人がふえてくる。

正しい言葉とは、どんなものか。

俗語、流行語、若者言葉などを使わないことを挙げる人もいるだろう。確かに、これらは仲間うちの、それもくだけた場面だけで使う言葉である。小論文や面接には使わない方がいい。しかし、まさか、小論文や面接で「ゲロマジ」だの「チョベリバ」だのと書いたり言ったりする人がいるはずがない。それよりも、論理的にものを考え、論理的に話し、論理的に書くことを心掛けたい。古代ギリシャ語で言葉はロゴスと言う。ロゴスはまた論理という意味でもある。言葉は論理なのである。

「アナログ」と「デジタル」という言葉は、二つを対《つい》にして、よく見たり聞いたりする。本来は情報工学で使われていた言葉で、情報伝達や情報表示の方式のちがいを表したものである。しかし、今ではもっと広く「アナログ思考」「デジタル表現」などというふうによく使われる。

●マンガばかり読むデジタル人間がふえている。

●デジタル思考は効率的だが、アナログ思考の中に本当の創造性がある。

こんな文章をよく見かける。だが、こういった文章は、気の利いたことを言っているつもりで、全く意味を成していない文章だ。

「デジタル digital」とは、もとは指の意味で、指を折って数えることから数字の意味になった。数字で表現する、ということである。

数字は、その表している量を具象的には描いていない。抽象的・観念的に表現しているだけだ。もっとも、漢数字やローマ数字では一から三までは単純に線の数で表すし、アラビア数字でも1はそうだ。しかし、ある程度以上になると、抽象性が高くなる。「八」も「8」も「Ⅷ」も、この数字の形からものが八つあることを思い浮かべることはできない。あくまでも抽象的・観念的に表現しているのだ。数字も文字だからである。

文字は、たとえ象形文字でも、本来そういうものなのだ。「海」の字はとても海には見えないし、「山」の字は山の形ではあるけれど、抽象的な形であって、どこかの具体的な山の形を表現したわけではない。

「アナログ analogue」とは、相似、類推という意味で、具体的な量や形によって比較、同定することを言う。こちらは、デジタルに較べて具体的・感覚的なのである。ここ何年かアナログ表示の時計の人気が盛り返してきたのも、時刻や時間が具体的・感覚的にわかるからだ。

さて、そう考えると、先に挙げた例文が誤っていることがわかるだろう。マンガは、具体的な人間や動物や建物を、具体的・視覚的に表現する。当然、マンガこそがアナログ的な表現である。では、小説や評論はどうか。活字で抽象的・観念的に表現する。当然、小説はデジタル的な表現である。

次に、半径rの円を描いてみよう。コンパスさえあれば誰にも描けるはずだ。そして、これは誰の目にも、たとえ小学生の目にも半径rの円に見える。この半径rの円は $x^2+y^2=r^2$ の式で表すことができる。しかし、この式が半径rの円を表していることは、高校程度の数学の素養がないとわからない。

円をコンパスで描けば、誰の目にもすぐに円だとわかる。これはアナログ表現である。円を数式で表現すると、必ずしも誰にでも円だとわかるわけではないが、創造力を養うきっかけにはなるだろう。こちらはデジタル表現である。ここでも、常識的なアナログ観とデジタル観は逆になっている。

可愛いわがままの陰に犠牲あり

今ではほとんど忘れられてしまったフランスの作家に、ボリス・ヴィアンがいる。小説家にして詩人、自らトランペットも吹くジャズ評論家、という多才ぶりで、一九六〇年代の若者に人気があった。映画『墓に唾をかけろ』の原作者でもある。

人気の秘密は、既成の価値への反抗といったところだろうか。彼の代表作に『北京の秋』という小説がある。歴史ものか、あるいは異国趣味の恋愛小説か、と思わせる書名だが、実は、北京とも秋とも無関係な話だからこんな書名にしたのだという。『北京の秋』という書名にだまされる俗物どもの裏をかいてやったぜ、というつもりらしい。しかし、どうも底の浅い反抗である。内容そのものは面白くもおかしくもない小説である。内容と無関係な題名でうけを狙おうというのなら、いっそのこと『マダガスカルの本居宣長』とか『梅雨のサハラ砂漠』とでもした方がよかった。一九七〇年代にこれを読んだ、当時の若者である私は、そう思った。

ところで、一九五三年に世界中の人気になり、今でもしばしばリバイバル上映される『ローマの休日』は、『北京の秋』とちがってローマや休日と関係があるのだろうか。

ウィリアム・ワイラー監督のこの映画は、次のような物語である。

若きオードリー・ヘップバーン演ずる某国の王女アンは、イタリアを旅行中である。しかし、堅苦しい公式行事にうんざりしている。ある晩こっそり宿舎を抜け出した彼女は、公園でグレゴリー・ペック演ずる新聞記者と偶然に出会う。彼は個人的関心半分、職業意識半分でアン王女に接近する。この二人を中心に、新聞記者の仲間のカメラマン、アン王女のヘア・メイクをした美容師などがからみ、楽しい恋愛コメディが演じられる。最後は、周囲をふりまわした王女様の可愛いわがままも終わりを迎え、無事御帰国となる。

こんな話である。王女様が窮屈な立場を忘れてローマの観光と恋愛を楽しむ。文字通りローマの休日である。原題もRoman holidayだ。ローマとも休日とも関係はある。

しかし、そのRoman holidayを少し大きい英和辞典で引いてみると、ざっとこんなことが書いてある。

●Roman holiday：他人を犠牲にする娯楽。古代ローマで奴隷や捕虜を闘わせ、これを観戦するのを休日の大衆娯楽としたことから。バイロンの『ハロルド家の御曹司《おんぞうし》』中のButchered to make a Roman holiday（〝ローマの休日〟をするために殺戮《さつりく》された）による。

殺戮とちがって血腥《ちなまぐさ》くはないが、確かに王女様の可愛いわがままに周囲の人たちは翻弄《ほんろう》されたのだから、他人を犠牲にする娯楽と言えなくはない。欧米人には教養となっているこの故事を踏まえてひとひねりした題名なのだ。あるいは、王女様と新聞記者の恋愛事件を、まわりのみんなが一種のスキャンダルとして面白がっている、という意味なのかもしれない。

日本人は、現在のイタリアの一都市であるローマと古代の大ローマ帝国が同じRoma（英語ではRome）であることを忘れがちである。しかし、Romaは単なる都市名ではない。故事成句にもしばしば出てくる文化的な厚みを持つ言葉なのだ。

最近、ヨーロッパを旅行する観光客に人気があるのが、ドイツ南部のロマンチック街道である。ヴュルツブルクからフュッセンまでのこの街道は古い家並が保存され、確かにロマンチックだ。しかし、途中にアウクスブルク（アウグストゥスの町）という古代ローマの皇帝の名にちなむ都市があるように、この街道は「ローマ街道」でもあった。ローマの道はロマンチックな道なのである。

【補論】

三省堂の「ぶっくれっと」（二〇〇〇年七月）に、映画評論家の品田雄吉が、次のようなことを書いている。

「『ローマン・ホリデー』という原題について論じた、慶應大学英文科教授の最終議義が英語雑誌に掲載されているのを私の弟が読んで、興味があるだろうと私にコピーを送ってくれました。『ローマン・ホリデー』を単に『ローマの休日』と訳すのは、正しい翻訳ではないというのです」

以下本章で書いたこととほぼ同旨の文章が続く。やっぱり専門の英文学者の間では問題になっていたのである。

「人生論」と「人性論」

今回は性の話である。こらこら、ニヤニヤするんじゃない。困ったものだ。

それにしても、性の話だと聞くと、なぜニヤニヤする奴がいるのだろうか。なぜと問うまでもない、当然じゃないか、と誰しも思うだろう。しかし、そうではない。性の話だと聞いてニヤニヤするのは、現代人だけのことである。明治時代の人やもっと昔の江戸時代の人は、誰もニヤニヤしなかった。と言うと、ははぁ、昔の人は性に大らかだったんだな、と思う人もいるだろう。しかし、これもそうではない。昔は、一面では浮世絵や遊廓に見られるように性に大らかだったけれど、その半面では良家の子女は性に厳格に育てられた。だから、性に大らかだったかどうかは、一概には決められない。

それならば、なぜ、性の話だと聞くとニヤニヤするのは現代人だけだと、先に私は言ったのか。

今ではほとんど見かけなくなった言葉に「人性論」がある。うん、この頃はみんなオチャラケばかりで、真面目にものを考えようとしないからな、と思った人もいるだろうが、もう一度字をよく見ていただきたい。「人生論」ではなく「人性論」である。「人生論」もここ何十年あまり見かけないが、「人性論」に至ってはまるで見かけない。しかし、かつて江戸時代や明治時代、儒教が有力な社会イデオロギーであった時、人性論は知識人の重要なテーマであった。

人生とは人間の生きている時間、また生き方のことである。人生論とは人間としての生き方を論ずることだ。これに対し、人性とは人間の本性・性質のことである。これが善であると考えるのが性善説、これが悪であると考えるのが性悪説である。「性善説」「性悪説」は今でもよく使われる言葉だが、本来は儒教の用語であった。かつて儒学者たちは人間の本性の善悪についてしばしば議論をした。それが人性論である。

すなわち、かつては、性とは本性・性質、とりわけ人間の本性・性質を意味していたのである。「性」は「さが」とも読む。『大言海』ではこの語原として「然《しか》（り）」を挙げている。そのままという意味である。だから、性の話だと聞いたって、誰もニヤニヤする者などいなかったのは当然なのである。現代人がニヤニヤするのは、「性」をセックスの意味で使っているからである。

では、本性・性質という意味の「性」が、どうしてセックスの意味に使われるようになったのか。それはセックスが男・女、すなわち男性・女性に関わることだからである。

それなら、「男」と「男性」、「女」と「女性」はどうちがうか。現在では、「男性・女性」の方が「男・女」より少し格式ばった感じはするが、意味は全く同じである。しかし、本来はそうではない。「男性」は男としての性質、「女性」は女としての性質、という意味である。それが広がって、男としての性質を備えた人間（つまり男）、女としての性質を備えた人間（つまり女）、という意味で使われるようになった。

ところで、ここ三十年ぐらいのことだろうか、性心理学などの本で「男性性」「女性性」という言葉を時々目にする。男が備えている性質、女が備えている性質、ということらしいが、それがそもそも「男性」「女性」なのである。「男性性」「女性性」は字を見ただけでもくどい。意味も「男としての性質を備えている人が備えている性質」「女としての性質を備えている人が備えている性質」となる。学術用語も日本語の伝統と論理を踏まえて考案すべきだろう。

若い歌手がサビていてどうする

　音楽家や音楽愛好家たちの間では、さまざまな隠語が使われている。隠語といっても、外部に知られては都合の悪いことを話すためというよりも、仲間意識を強める合い言葉のようなものだ。彼らは、ドイツの指揮者フルトベングラーを「フルベン」などと言って得意気である。それならベートーベンは「ベトベン」かといえば、これはそのままである。どうも大した意味はなさそうだ。

　中には隠語とは言えなくなったものもある。
●小沢征爾が先月ニューヨーク・フィルを振った。
「振った」といったって、ニューヨーク・フィルの熱い要請を、すげなく断ったというわけではない。楽団を指揮したという意味である。タクトを振るところから来た言い方で、一九七〇年代からこの用法を載せる辞書が出てきた。今ではNHKのアナウンサーも使うほど広く定着している。

音楽家の中でも、ジャズやロックの音楽家の場合は、偽悪のポーズがある分だけ、こうした隠語も多く使われている。ジャズ・メンの間では、「ジャズ」を「ズージャ」、「めし」を「シーメ」、「母ちゃん」を「チャンカー」などと、倒語をよく使う。あるジャズ・マンに、それなら「耳」はどう言うのかと聞いたことがある。彼はこともなげに、うん、「ミーミ」だ、と言った。そりゃ、伸ばしただけじゃないか。

要するに、その程度のさして害のない悪戯《いたずら》のようなもので、目くじらを立てるほどのことではない。

しかし、隠語の中には明らかな誤用もある。誤用は、誤用者自身の教養を疑わせるし、日本語全体を混乱させる。これには警鐘を鳴らさなければならない。

最近よく耳にするのが「サビ」である。
●あの曲のサビの部分がよく出来ている。
その曲に本当にサビの部分があるのかと思って聞いてみても、曲全体が華やかで、サビらしきものはどこにもない。サビというのは、「錆《さび》」「寂しい」「さびれる」と同原の言葉だから、華やかさや力強さとは逆のいぶし銀の味わいのことだ。年老いた歌手が乏《とぼ》しい声量で切々と歌う時なら確かにサビもあるだろうが、若い歌手の電気的に増幅した歌にサビがあるはずがない。あるとすればサワリだ。

●あの曲のサワリの部分がよく出来ている。

これなら正しい。サワリというのは、聞きどころ、聞かせどころのことで、転じて、小説や映画のクライマックスの場面のことも言う。一番盛り上がるサワリがサビていちゃ話にならない。

サワリとサビの混同、以前は耳にしなかった。私の記憶では一九八〇年代の頃からのようだ。音感がいくらか似ているので、無定見なまま使われ出したのだろう。若い芸人が何も知らないまま使い出したのだ。

では、サワリはなぜ「サワリ」と言うのか。かなり古い言葉で、本来は邦楽用語であることはまちがいないが、その中でも三つほど語原説がある。第一は、義太夫《ぎだゆう》の中に義太夫以外の節《ふし》を取り入れた箇所。二つのものが接触しているのでサワリという。ここで盛り上がることが多い。第二は、三味線の技法で、一本の絃《げん》が棹《さお》に直接触れながら複雑な音を発する弾き方。第三は、仏具「鈔鑼《さはり》」で、読経の際に打ち鳴らす。

この三説のうち、後の二説では楽器が物理的にサワっている。バッハのオルガン曲で有名なトッカータtoccataは、自由で即興的な鍵盤楽曲の形式だが、これは英語のtouch（触れる）と語原が同じである。指の触れ方の技巧が聞きどころだからだ。トッカータもやはり物理的にサワっている。楽器や技巧がサビていちゃ、これもやはり話にならない。

御飯も新婚夫婦も「あつあつ」か

日本語には擬声語（擬音語とも言う）や擬態語が多い。雨が降る様子を表す言葉だけでも「ざあざあ」「ぱらぱら」「しとしと」などがすぐ思い浮かぶ。日本語全体では数百語の擬声語・擬態語があることになるだろう。

このことは日本語の特色ではあるけれど後進性の表れでは決してない。と、断るのも、今だに日本語は後進的な言語だと思っている人がいるからだ。そういう人たちは、擬声語・擬態語が多く、抽象的・概念的な言葉が少ない言語は非論理的な言語だと思っている。しかし、世の中に非論理的な言語なんてものがあるはずがない。仮にそんなものがあったら、その言語を話す人たちは意思の疎通《そつう》もできず、ものを考えることさえできないはずだ。

本来の日本語に抽象的・概念的な言葉が少ないのはその通りだが、日本語がそれを必要としなかったからである。明治になり、西洋文化と接触して、西洋的な意味での抽象語・概念語が必要となった時、日本人は難なくそれを作り出したのである。それだけではない。逆の例さえある。

エミリー・ブロンテの『嵐が丘』は恋愛小説の傑作としてよく知られている。この題名は、愛の情念に翻弄《ほんろう》される人たちを象徴する見事な邦題である。原題は、"Wuthering Heights"だが、このwutheringは普通の英和辞典には載っていない英国ヨークシャー地方の方言である。weather（天気）と同系の言葉で、音感上、嵐のざわめきを表すという。つまり擬声語なのだ。もしこれを『ざわざわが丘』と直訳していたら、これほど読み継がれることはなかっただろう。新潮文庫版の解説によれば、『嵐が丘』という邦題を初めに作ったのは斎藤勇《たけし》らしい。日本の英文学の基礎を確立した学者で、大正・昭和期に多大な業績を残した。『嵐が丘』の邦題もその一つで、以後どの訳者もこの邦題を受け継いでいる。

ところで、擬声語・擬態語は簡単に作れるためか、新しい言葉や用法が現れやすい。

●湯気の立っているあつあつの御飯

こんな表現を今では誰も不思議に思わなくなった。しかし、「あつあつ」は本来、熱愛中の男女を表す言葉である。辞書にもそう出ている。私の記憶では、一九八〇年代までには「あつあつの御飯」は目にしなかった。御飯は「ほかほか」に決まっていたのである。面白いことに、「ほかほかの御飯」が廃《すた》れ、「あつあつの御飯」が出現した頃、持ち帰り弁当の「ほかほか弁当」が登場した。

ついでに言っておくと、「新婚ほやほや」は「あつあつ」のまちがいではない。「出来立てのほやほや」と同じ用法で、夫婦になったばかりという意味である。もちろん、「あつあつの新婚さん」という用法もある。

もう一例、最近気づいたものを挙げておこう。

●とれとれの野菜で作ったサラダ

「取れ立て」の意味だろうが、「取れ、取れ」と命令しているようだ。あまり美しい表現とは思えない。

この「とれとれ」にしろ先の「あつあつ」にしろ、本来の擬声語・擬態語とは成り立ちが少しちがっている。音声や態様《たいよう》を言葉にしたのではなく、既存の動詞や形容詞から派生したものだ。似た例は他にもある。樹の枝が果物を多くつけて「たわむ」ところから「たわわに実る」、軟らかく曲がる意味の「しなう」から「しなしなとした姿態」などが派生した。

しかし、むやみに欧米外来語を使いたがる若者たちも、外来語を擬声語化・擬態語化はしない。オプンオプンしたばかりの店でゲトゲトした彼女をつれてきたナウナウした若者、とは言わない。やはり、擬声語・擬態語は日本的な表現なのだろう。

【補論】

必要があって向田邦子の『父の詫び状』を読みなおしていたら、前には気づかなかった次のような一節を発見した。

「かまどで、固い薪で鉄の釜で炊くご飯。しかもアツアツのお焦げで握るおにぎりである」（『海苔巻の端っこ』）

雑誌初出は一九七六年から一九七八年である。かなり早い「あつあつ」の用例だろう。

もう一例挙げておく。桂小南の『三十石』にも「あつあつ」のごはんが出てくる。一九六九年の口演である。

「税金天国」は無知の天国

終戦後まもない頃の話である。アメリカを訪問した政府高官が日米友好を訴えたスピーチで、こんなことを言ったという。「日本は『瑞穂《みずほ》の国』と言って、米の国である。貴国アメリカは、漢字で書けば米国である。これを縁として、両国は仲好くしていかなければならない」。

このウィットに富んだスピーチで、確かに会場は沸くには沸いた。ただし、笑わせたのではなく笑われたのだ。日本の高官のセンスはこんなものだ、というので。

という外交史の逸話なのだが、私はこの話は作り話だと思う。いくら何でも、これほど教養もセンスもない高官は、日本にはいないはずだ。万一こんな高官がいたとしても、通訳が気を利かして全然ちがう訳を口にしただろう。

そう私は思う。否、思っていた。実は、つい最近、この話は本当にあったかもしれないと思い始めたのである。というのは、一九九六年十二月二十八日の産経新聞夕刊で、こんな記事を読んだからだ。

「急成長、欧州の〝買い物天国〟：フランスとスペイン国境のピレネー山脈の真ん中にある人口約六万の小国アンドラ公国は消費税などのない〝タックスヘイブン（税金天国）〟である。面積が種子島程度のこの小国は今、日本の電気製品をはじめ各国製品が並ぶ欧州のショッピングセンターとして急成長しつつある。（中略）

フランスの二〇・二％をはじめ消費税が一般的に高い欧州各国の住人から見れば、ここは確かに天国だ」

記事とともにアンドラ公国の街並みの写真も添えられ、「山口昌子」と署名がある。産経紙上でよく目にするベテラン外報記者でパリ支局長だ。

外国語には全く自信がなく、海外旅行のたびにおどおどびくびく緊張する私だが、いやぁ、一流全国紙の外報記者がこれだと、私なんか大いばりで語学の達人である。タックスヘイブン tax haven は、税金天国 tax heaven ではない。haven は避難所の意味である。普通、「避税地区」とか「保税場所」とか訳す。発音も、似てはいるけれど、はっきりとちがう。「ヘイブン」と「ヘブン」である。現に、この記者は「ヘイブン」と表記している。それでいて「天国」と書いている。校閲部もこれを素通りさせている。読者からの指摘もなかったようだ。

一九六〇年代、私が高校生だった頃、新聞や週刊誌に、若者の無軌道ぶりを嘆く記事がよく出た。若者の無軌道ぶりも、また、それを嘆く記事も、現在なおよく目にするのだけれど、その嘆き方に時代ごとの特色がある。当時、新聞や週刊誌は、近頃の若者は三Sに蝕《むしば》まれている、と書いたのだ。

その三Sとは、スピード・セックス・スリルというのだから、毎日学校で英語の教師にしごかれている私たちは英和辞典を引き合って大笑いしたものである。もちろん、三つ目のスリル thrill の頭文字がsではなくtだからである。この三Sは当時ちょっとした流行語のようになって広まったが、いつのまにかその内容はスピード・セックス・サスペンスと言い換えられてしまった。サスペンス suspense なら頭文字はsだし、スリル（刺戟《しげき》的な感じ）とサスペンス（はらはらする気持ち）なら意味は近い。

「税金天国」も「スピード・セックス・スリルの三S」も、英米人に知られていなくてよかった。

【補論】

最近次のことを知った。「タックスヘイブン」のことをフランス語では「パラディフィスカル」と言い、意味は「楽園（パラディ）税務の（フィスカル）」となる。つまり「税金天国」である。すると、山口昌子記者は、フランス語では「税金天国」であるので、英語の「タックスヘイブン」も同じく「税金天国」だと勘違いしたのだろうか。ともあれ、英語の「ヘイブン」なら「避難所」である。

半疑問と一字余白の疑問

いわゆる〝若いモンの日本語の乱れ〟に対して、私はわりと寛容な方である。口語・俗語は、粗野であったりぞんざいであるからこそ口語・俗語なのだ。これを粗野だとかぞんざいだとか、咎《とが》めてもしかたがない。ただ、口語・俗語を使うべきではない場合、例えば目上の人に対して、あるいは卒業論文の中で、口語・俗語表現が使われれば、非難されるのも当然だろう。

新語・流行語は、そもそも珍奇なものなのだから、これも珍奇だと非難してもしかたがない。その大部分は自然に淘汰《とうた》されてしまうだろう。ただし、淘汰に耐えて残った新語・流行語も、私は使うとは限らない。それは熟成されておらず、美しくないからだ。しかし、美しくなくてもそれを使う人を、あえて非難しようとまでは思わない。それは当人の美意識にまかせておけばよいだろう。

私が非難するのは、あくまでも言葉の論理に外れた言葉である。ただし、言葉の論理は初等数学の論理のように単純ではない。非論理の裏に論理があったりする。

一九九〇年代に入ってから、ペストのように広がり出したのが、「半疑問形」という奇妙な尻上がり発音である。とりわけ若い女性？が、まるで都会的マナー？のように使う。品がないのみならず、非論理的である。どうしてその単語の語尾が上がらなくてはならないのか。何も考えずに多数派に迎合しているだけで、そのくせこの人たちは、自分に？納得？できないことって、したくないみたいな？独創性？っていうか、個性的？に生きているつもりでいるからである。まことに非論理的で品がない。

とはいうものの、こういう言葉が広がるのには、それなりの理由があるはずだ。国語学者や社会心理学者たちがいくつかの理由を考えてはいるが、まだ決定的なものはない。私は、次のように考えている。ポイントは「若い女性」と「都会的マナー」にある。

一つには、ブリッ子である。断定を避けて相手に同意を求めるポーズをとるのだ。若い女性に多いのもうなずけるだろう。

もう一つは、日本語の口語表現において、不特定多数を相手に話す形式が確立されていないからである。

一九八〇年代だったか、「それでぇ、私がぁ」と語尾を延ばす話し方が広がった。これを学生運動のアジ演説の悪影響だとする声が強かった時、国語学者の大野晋は説得力ある説明をした。日本人は、不特定多数を相手に話す形式をまだ確立させていないから、そんな話し方をするのだ。だから、恋人同士がベンチで愛を語り合う時、「それでぇ、私がぁ」とは話さない。そう説明をした。

同じことが半疑問形にも言える。標準語（共通語）は、不特定多数を相手にするための制度的な言葉なのだが、それが未確立だから半疑問形が生じるのだろう。従って、濃密な人間関係の中で使われる方言には、半疑問形は生じない。春?になりば、しがこ?も溶けて、どじょっこ?だの、ふなっこ?だの、夜が?明きた?と思うべな、とは歌うまい。

ところで、文章の途中に「?」が出てくると、その下を一文字分空けたものを見ることがある。次のような文章だ。
●けばけばしいパチンコ台に向かって謹厳な教授は真剣な表情?　を見せた。
助詞の「を」の上に空白があるのも見苦しい。この一字分の空白は何のつもりだろうか。おそらく次のような用法を機械的に当てはめたのだろう。

●そうなのか？　思わず聞きなおした。

この用例における空白は正しい。これは「そうなのか？。」の「。」が省略されたものだからである。先の用例の場合は、文章の途中だから、「。」は入らないし、当然ながら省略しようがない。空白には何の意味もない。文章途中の「？」の後、機械的に一字分の空白を作るのは明らかな誤りである。これは初等数学のように単純明快な論理である。

【補論】

きわめて正確な「！」の使用例を見つけた。一九九九年四月十一日付産経新聞（大阪本社）の「パスワード」というコラムである。署名は「江原和雄」とある。

「そう見せ物！、サーカスのような見せ物でワクワクさせてくれた。」

正確ではあるが、少しくどくはなかろうか。

「てらい」で正しいかどうか「ためらい」はないのか

二つの言葉を混同したり取りちがえて使っていることがある。そのほとんどは、言葉の形（発音や文字）が似ていて同時に言葉の意味も近い場合だ。例えば、「おざなり」と「なおざり」である。

●大切な会議なのにおざなりな質問だけですませてしまった。

●大切な会議なのに肝腎な質問はなおざりにしてしまった。

「おざなり」は「御座成り」、その場限りの間に合わせという意味で、特に形だけの挨拶を言う。「なおざり」は「直《なお》ぞあり」あるいは「直去り」で、そのまま（直）にして放っておくこと、いいかげんに扱うことである。漢字を当てる時は普通「等閑《なおざり》」と書く。「等《とう》閑視《かんし》する」という意味で、この漢字を当てたのだ。

前の例文は、大切な会議といいながら、社交辞令の交換だけで終わったような場合である。後の例文は、大切な会議なのに何らかの理由で本題の討議をしなかったということである。どちらにしろ、会議が会議になっていなかったという意味では同じだ。前の例文の「おざなり」と後の例文の「なおざり」が入れ代わっても、つい見逃してしまう。私自身、友人と話している時などは、この二つの言葉の区別をおざなりに、いや、なおざりにしているかもしれない。

しかし、このごろ時々見かける言葉の混同でなおざりにできないものもある。

少し古いが、一九八五年三月二十日付朝日新聞夕刊のレジャー情報欄に、山奥の混浴の温泉を紹介する記事が出ている。これは夫婦の会話仕立てになっている。

「夫：若い二人連れが何のてらいもなく、入ってきたのには驚いた。

妻：あっけらかんと童心に返れるおふろなのよ、きっと」

「てらい」は漢字で書けば「衒い」、ひけらかす、見せびらかす、という意味である。「衒《げん》学《がく》的」といえば、学のあるところをひけらかす、「奇を衒《てら》う」といえば、わざと奇人ぶって人を驚かして得意がる、ということだ。

さて、引用した記事について考えてみよう。普通、温泉に入る時、混浴だろうと別浴だろうと、何かをひけらかしたり見せびらかしたりして入るだろうか。「若い二人連れがてらいもなく入ってくる」のは当たり前で、別に「驚く」ようなことではない。むしろ「てらいながら入ってきた」ら「驚く」べきだろう。この記者は、「てらい」を「てれ」と「ためらい」の合成語だと思っているのである。若い二人連れは何の「てれ」もなく、あるいは、何の「ためらい」もなく、入ってきたのだ。それは「妻」の言うように「童心に返れるおふろ」だからだろう。

少し古い記事を紹介したのは、この頃から「てらい」と「てれ」「ためらい」の取りちがえが目につくようになったからだ。

かつて「噂の真相」というスキャンダル雑誌があった（二〇〇四年廃刊）。この雑誌は、寄稿者同士の意識が閉鎖的で互いに誤用を伝染し合うのか、一度おかしな言葉が誌面に登場するとたちまち毎号その誤用が蔓延《まんえん》するようになる。「てらい」もそうだ。同誌には毎号編集長の岡留安則が編集後記代わりに日誌を連載していたが、一九九七年四月号には、田中康夫が同誌に連載する日録にさまざまなセックスフレンドの登場することについて、こう書いている。

「そして何よりも性生活を何のてらいもなく公開するセンスには脱帽するしかない」

田中康夫には、もちろんてらいがあるのだ。ひけらかし見せびらかしているのだから。田中にないのは、てれとためらいなのである。

【補論】

「噂の真相」ならともかく、準学術誌「しにか」（大修館書店）の二〇〇一年二月号でこんな文章を読んだ。

「朱子学の最も中心的とも言いうるテキストになんの衒いもなくいきなり踏み込んでいく」

筆者は岡山大学で支那思想史を専門とする木下鉄矢とある。引用文は清朝考証学の段玉裁についで述べたもの。段玉裁が朱子学のテキストに「いきなり踏み込む」のに、「なんの衒いもなく」て別に不思議でもなかろう。「衒」の字に「ためらう」という意味があると思う支那思想史専門の大学教師の方が私には不思議である。

お茶の色と桜餅の色

初夏。新茶が出回っている。お茶好きには嬉しい季節だ。おいしいお茶には、おいしいお茶菓子。この季節なら桜餅だろう。桜の若葉を摘《つ》んで塩に漬け、それで餅をくるむ。桜の葉に含まれる芳香成分クマリンが、餅に香りをつけ、日保《ひも》ちもよくする。名もない人の発明だろうが、こういったものの集積が民族文化なのである。

さて、このお茶と桜餅、その色について考えてみたい。藍染《あいぞめ》の布が藍色であり、オレンジがオレンジ色であるようには、単純でないからだ。

まず、お茶。

お茶は何色であろうか。薄い緑色である。焙《ほう》じ茶のような特殊なものもあるし、番茶はかなり黄色っぽいけれど、玉露も煎茶も抹茶も緑色だ。総じて緑色と言ってよい。つまり、お茶は茶色ではない。

では、なぜ茶色を「茶色」と言うのか。辞書には、茶を煮出した色だと書いてある。なるほど、煮出せば、お茶は茶色になる。お茶は古くは煮出して飲む習慣があった。現在でもモンゴルや中央アジアなどでは、蒸し固めた茶葉を削って湯に入れ、煮立てた後で牛乳や砂糖を加えて飲む。お茶は煮出す。これが本来のお茶の淹《い》れ方であった。それが「茶色」という言葉に残っているのだろう。今ではわかりにくい「茶色」も、欧米人には「tea の色」と説明すると、かえって理解されやすい。彼らは紅茶を飲むからである。もっとも、その紅茶も英語では black tea（黒い茶）である。

次に、桜餅。

桜餅はなぜ「桜餅」と言うのか。一つには、先にも言ったように桜の葉で餅をくるんであるからだけれど、もう一つには、餅が桜色をしているからである。この二つの理由のうち、本当の理由は、前者、すなわち桜の葉の方のはずだ。なぜならば、葉は確かに桜を原料としているが、餅には桜は原料として使われていないからである。あの桜色は食用色素を餅に混ぜたものであって、桜の花を刻んで混ぜたものではない。

しかし、誰しも桜餅と聞くと桜色の餅を思い浮かべる。店によっては白い桜餅もあるが、やはり人気は劣るらしい。それほど日本人にとって、桜とは桜色を意味しているのだ。

その桜色を英語で言うと、どうなるか。ピンク pink、いや、チェリー・ピンク cherry pink の方が正確かな。と悩むところだが、これは単純な pink の方が正しい。cherry pink は桜色ではない。もっと鮮やかな赤色なのである。

日本人は桜と聞くと花を思い浮かべる。桜の葉しか原料に使っていない桜餅であっても、桜の花の色でなければ納得しない。しかし、アメリカ人は cherry といえば桜の実、すなわち桜ん坊を思い浮かべる。チェリー・ピンクとは、桜ん坊のような鮮やかな赤い色のことなのである。

アメリカ人だけではない、西洋人は概してそうである。ラテン音楽が好きな人は、マンボの名曲「チェリー・ピンク」を御存知だろう。一九五〇年代、ペレス・プラド楽団がこれを演奏し、世界的に大流行した。この「チェリー・ピンク」のスペイン語名は「セレソ・ローサ cerezo rosa」である。これももちろん桜ん坊のような鮮紅色である。しかし、この曲が流行した頃、たいていの日本人はこれを淡紅色だと理解していた。

同じ事物でも、文化がちがうと着眼点もちがい、理解も異なってくる。色彩でさえそうなのである。

夢の半面

スナックという洋風小料理屋が日本で広まったのは、一九六〇年代後半のことである。一九六四年の東京オリンピックを機に、飲み屋の深夜営業が法律で制限されるようになり、それならば酒も飲める軽食堂の名目でと、スナックへの転業や新規開店が相次いだのだ。

歴史の浅い業界だけに、その店名には、現代日本人の言語感覚を映し出したものが多い。「来夢来人《ライムライト》」だの「待夢《タイム》」だの「樹庭夢《ジューテーム》」だの、英語やフランス語に漢字を当てた店名は、スナックが出現する前はほとんどなかった。一九六、七〇年代以降の流行である。格式ある料亭や庶民的な居酒屋には、こんな店名のものはない。

さて、今挙げた三つの店名、実際に全国のどこの盛り場でもよく見かけるものだけれど、どれも「夢」が入っている。それこそ夢があるというわけだろうが、夢にだって良い夢と悪い夢があるはずだ。それを良い意味でのみ使うのも、現代人特有の言語感覚によるものである。

本来、夢ははかないもの、移ろいやすいものの象徴であった。夢についての成句や諺《ことわざ》を見ると、それがわかる。

織田信長の好んだ幸若舞《こうわかま》いに「人間五十年、下天《げてん》の内をくらぶれば夢《ゆめまぼろし》幻の如くなり」とある。人生は長いようで短く、夢のようにはかない、というわけだ。

「槿花《きんか》一朝の夢」という成句もある。槿花はむくげの花で、朝咲いて夕方にはしぼむ。それに譬《たと》えて、はかない栄華《えいが》のことを言う。出典は、唐の白居易《はくきょい》（白楽天）の『白氏文集《はくしもんじゅう》』で、そこでは「槿花一日《いちじつ》の栄」となっている。後に「一朝の夢」に変わったが、やはり、はかないものといえば夢が思い浮かぶからだろう。

「儚」という字も、「はかない」「くらい（物事に蒙《くら》い）」と読む。「夢のある人」という良い意味はない。

空想上の動物「貘《ばく》」は、夢を食う動物としてよく知られる。これもやはり、スナックの店名にしばしば使われている。夢を食うところがロマンチックに思われるからだろうが、これも夢を一面的にとらえたための曲解である。貘が食うのはロマンチックな夢ではなく、悪夢である。初夢のおまじないとして貘の絵を描いた紙を枕の下に敷く古い習慣があるが、これは貘が悪夢を食ってくれる霊獣だからだ。スナックへ来る客は仕事の愚痴を吐き出し、それを食って生きているのがスナックのマスター、という意味でなら、確かに悪夢を食ってくれる貘と言えなくもない。

ところで、「来夢来人」にしろ「待夢」にしろ「樹庭夢」にしろ、「夢」を「む」と読んでいる。「夢」の音読みである。音読みには、大きく二種類のものがある。呉音と漢音だ。「行」は「行水《ぎょうずい》」が呉音、「行動《こうどう》」が漢音、「力」は、「他力《たりき》」が呉音、「腕力《わんりょく》」が漢音である。たいていの漢字には、この二つがある。では、「夢」を「む」と読むのは、呉音が漢音か、そして残りの一方は何と読むか。

「夢」を「む」と読むのは、呉音である。漢音では「ぼう」と読む。支那明《みん》末の小説家に、馮夢竜という人がいる。妖術小説『平妖伝《へいようでん》』や笑話集『笑府《しょうふ》』などの著作がある。この人の名前は、呉音なら「ふう・むりゅう」、漢音なら「ふう・ぼうりょう」と読む。どちらも正しいが、「夢竜」を「ぼうりょう」と読むことは知らない人が多くなっている。夢に良い夢と悪い夢があることが忘れられかけているように、「夢」の音読みの半分も忘れられているのである。

日本人がスープを音を立てて「飲む」理由

新聞を読んでいて、まだこの言葉は死語ではなかったのだなと思って嬉しくなった。産経新聞のコラム「産経抄」（一九九七年六月二日付）でのことである。

「たばこのみの橋本さん（橋本龍太郎首相）はワースト1にあげられ、米週刊誌に写真がのって『日本は喫煙先進国』と皮肉られた」

たばこ愛好家のことを「たばこのみ」と言うのは、おそらく八十歳以上の人だけだろう。しかし、その人たちでもこれを動詞化して「たばこをのむ」とはもうほとんど言うまい。「たばこをすう」と言うはずである。それなら、これを名詞化して「たばこすい」と言うかといえば、老若を問わず、そうは言わない。老人は「たばこのみ」と言い、若者は、さて、何と言うのだろう。まだ「たばこをすう」の名詞形は出来ていないのである。

私の記憶では、一九七〇年頃までは、「たばこをのむ」と普通に言っていた。当時のテレビのコマーシャルに、こんなのがあった。

「あなた、お酒のんでる？　たばこのんでる？　だったら、これのんでる？」

俳優の玉川良一がそう言って、胃潰瘍を防ぐ保健薬キャベジンを示す。酒も、たばこも、薬も、のむものだから、こういった語呂合わせができた。今となってはわかりにくい。

さて、この「のむ」、漢字では書き分けている。酒は「飲む」または「呑む」、たばこは「喫む」、薬は「飲む」である。「呑む」は、「呑舟《どんしゅう》の魚（舟を呑むほどの大魚、転じて大人物）」という言葉があるように、丸呑みする、呑み込む、という意味だ。「酒を呑む」はいかにも大酒呑みという感じがする。従って「薬を呑む」は、大量の薬をひと呑みにしているようで少し変である。「薬を服む」という書き方も時々目にする。「服用する」から来たのだろう。

「たばこを喫《の》む」は「たばこを喫《す》う」とも読む。言葉の変化に従ったものだろう。しかし、お茶やコーヒーについては「喫む」から「喫茶店」である。お茶やコーヒーを音を立てて吸うのは日本人だけだが、「喫《す》う」と「喫《の》む」が同じなのだからやむをえないか。この「喫《きつ》」は音を同じくする「吃《きつ》」と意味が同じである。麻雀の「吃《チー》」は「食う」ことだし、支那語で「好吃《ハオチー》」は「おいしい」という意味である。

英語では、酒はdrinkし、たばこはsmokeする。たばこは口中に入れることより、それが燃えて煙を出していることが重要なのだろう。

スープもdrinkしない。eatする。日本人は、スープもお茶やコーヒーと同じようにdrinkするものだと思い、しかも音を立てて飲む。eatに関しては、日本の作法でもクチャクチャ音を立てない。だから、スープはeatすると憶えておけば、少なくともスープに関しては音を立てずにすむだろう。

では、なぜスープはdrinkでなくeatなのか。アメリカ人に聞いたら、スプーンを使うからだと、あっさり答えた。確かに、コーヒーやジュースのスプーンは掻《か》き回すだけで、これで口に運ばない。そう言われればなるほどeatである。

ちょっと不思議なeatもある。十九世紀イギリスの随筆家T・ド・クィンシーには『阿片吸飲者《オピアム・イーター》の告白』がある。彼は、阿片をアルコールに溶かした阿片チンキを飲んでいた。これはどうやって飲むのだろう。スプーンは使わないと思うが、これはeatである。

そういえば、ヤクザ屋さんは、覚醒剤を「打つ」ことを、「シャブ食っとる」と言うようだ。これはどこから来たのだろう。

「立ち上げ」を満足する解釈を求めよ

最近気になる言葉の筆頭は「立ち上げる」である。名詞化して「立ち上げ」ともいう。

●新団体を立ち上げる。

という使い方をする。「興《お》こす」ということである。「興こす」は「起こす」だから、「立ち上げる」である。

意味はなるほど通る。しかし、外国人の話す日本語のように、どうもなめらかではない。理由は簡単で、自動詞と他動詞が混在しているからだ。「柱が立つ」「凧《たこ》が上がる」が自動詞、「柱を立てる」「凧を上げる」が他動詞である。従って、「新団体が立ち上がる」か「新団体を立て上げる」でなければならない。「立ち上げる」はこれをごっちゃにしており、感心できない言葉だ。

しかし、私は、この言葉を自分では使わないけれど、若い人たちが使うのを咎《とが》めたりはしない。一種の流行語、俗語と考えれば、使いたい人だけが使う分にはかまわないと考えるからだ。この言葉によって、自動詞・他動詞の混用が一般化するとも思えない。

●赤ん坊を寝かしつける。
●赤ん坊が寝つく。

これが混用されて、「赤ん坊を寝つける」とか「赤ん坊が寝かしつく」と言うようにはならないだろう。「立ち上げる」は不正規で例外的な言い方だと認識した上で、あとは自然の淘汰《とうた》にまかせるのがいい。

「立ち上げる」は、コンピュータの業界用語として始まったらしい。コンピュータに初期設定をして作動開始させることを、なぜか「立ち上げる」と言ったようだ。一九七〇年代前半に既に耳にしたことがあったが、パソコンの普及によってこの言葉も広がったものと思われる。

面白いことに、理科系の用語に、この種の変な日本語が多い。理科系なのに論理的に物事が考えられないのか、とも思うが、むしろそうではなく、一度用語として確立された言葉をそのまま使い続けるという科学の体系性の問題らしい。

今では使わないはずだが、私が中高生の頃の数学では、次のような言い方をした。

●次のxを満足する値《あたい》を求めよ。

これも自動詞・他動詞の誤りである。文法的には「xを満足させる値」か「xの（が）満足する値」か、どちらかでなければならない。

科学者たちは全国的な協議会を作って、定期的に科学用語の統一や見直しをしている。「xを満足する値」も何年か前、数学者たちの間で検討され、今では使われなくなっているはずである。

科学用語を起源としない単なる俗語で、自動詞・他動詞を誤り、しかもすっかり定着してしまった言葉もある。

●失礼しちゃうわ！

女性の使う俗語表現として一九六〇年代には聞いたことがあった。「私も安っぽく見られたものね、失礼しちゃうわ」というように使う。しかし、安っぽく見て失礼しているのは相手の方であって、自分ではない。「失礼されちゃうわ」ならいいようだけれど、そんな言い方はない。「失礼だわ」が正しい。しかし、これでは正面切っての抗議である。それを回避するため、自動詞・他動詞をわざと誤りおかしみを出した俗語と見るべきだろう。

上がる「ない」と下がる「ない」

松たか子に続いてその兄である市川染五郎（現・松本幸四郎）が悪口好きのマスコミの好餌《こうじ》となっている。染五郎について私もかねがね言いたいことがあったので、これを機会に一言しておくことにしよう。

この染五郎は七世染五郎である。父である六世染五郎（現・松本白鸚）の名跡《みょうせき》を継いだのだが、これが先代とは大ちがい、といっても、芸風がどうの、品格がどうの、という話ではない。私は特に歌舞伎に詳しいわけじゃない。染五郎という名前、それも、その発音を問題にしたいのだ。

七世染五郎は「染五郎」を「ソメゴロー」と発音する。しかし、先代の染五郎は「ソメゴロー」と発音した。つまり、七世染五郎は「染五郎」を尻上がりに（もしくは全体に平板に）発音する。先代は前半部を高く発音していた。標準語（共通語）ではどちらが正しいかと言えば、先代の「ソメゴロー」の方だ。先代が染五郎として活躍していた一九六九年の流行語に「あっと驚くタメゴロー」があることでもわかる。これを「あっと驚くタメゴロー」とは誰も発音しなかったのである。

この尻上がり（平板化）発音の理由について、国語学者はいろいろな説を挙げているが、これという決定的な説はない。私は、素人考えながら、栃木や群馬など北関東の発音がマスコミ人の間に流入したのではないかと思う。もっとも、言語学者井上史雄の近著『日本語ウォッチング』では北関東起源説には疑問が呈されている。むしろ、発音の際のエネルギー節約に起因しているらしい。

その原因論はさておき、アクセントやイントネーションがむやみに乱れるのは感心できない。地方出身者にお国訛《なま》りが残ることは別に恥ずかしいことではないが、標準語はあくまでも標準形を保っているべきだ。

こんなことを言うのも、私自身地方出身者で、一九六五年に上京した時、標準語に肌で接して感動したからである。その美しさにではない。言葉というものに込められた論理《ロゴス》に感動したのである。発音にまで論理《ロゴス》があったのだ。

それは「ない」である。

高校の国語の現代文法をちょっとだけ思い出していただこう。「ない」には二種類のものがあったはずだ。形容詞の「ない」と助動詞の「ない」である。

●僕は金がない

●僕は行かない

前者が形容詞、後者が助動詞である。この二つを簡単に区別する方法は「ない」を「ぬ」に置き換えられるかどうかだ。「ぬ」に置き換えられれば助動詞、そうでなければ形容詞である。例文の後者はちゃんと「ぬ」に置き換えられる。

高校時代の文法では、そう習った。ところが、東京では、発音でこれを区別していたのである。

●僕は金がない

●僕は行かない

形容詞の「ない」は尻下がりに発音し、助動詞の「ない」は尻上がりに発音するのである。つまり、品詞を発音で区別しているのだ。東京育ちの友人に聞いてみると、これも驚いたことに、そんなことは言われて初めて気づいたと言う。地方出身者は、標準語を覚えるために、言葉をいったん対象化してみる。これによって言葉のさまざまな姿が見えてくる。標準語が標準形を保っていてこその話である。

しかし、「ない」の発音の区別も最近はなくなってきた。NHKのアナウンサーも、

●僕は金がない

●僕は行かない

と発音することが多い。こういう言葉の乱れこそ問題にすべきだろう。

「阿」はどちらの「ねる」か

漢字の読み方試験にこんなのがよく出る。難易度はAといったところである。

●阿る

もちろん「ある」じゃない。正解は「おもねる」である。一般教養を問う就職試験を間近に控えた大学四年生でも過半数は答えられない。

ここで考えてみたいのは、これがなぜ難しいのか、また、なぜ出題者がこれを読みかた試験に出したがるのかである。

まず、なぜ難しいのか。

これはそもそも「おもねる」という言葉がかなり難しいのである。我々は日常会話の中で「おもねる」という言葉を使うことはほとんどない。「おもねる」に類似した言葉として「こびる」「ごまをする」「迎合する」などという。このうち「迎合する」は漢語であり、その分抽象的な言葉である。「おもねる」は日本固有語（大和言葉）であり、抽象的ではない。それにもかかわらず、「迎合する」の方が「おもねる」より日常的によく使われる。「おもねる」が古風な文章語になっているのだろう。

次に、出題者がなぜこの言葉を読みかた試験に出したがるのか。

それは一見易《やさ》しそうに見えて難しいからである。難しそうに見えてやっぱり難しい字などというのは、出題者の心理として試験問題にはしない。

●惆悵

●倜儻

こんな字はエジプトの象形文字のようなもので、特別な学者を除けば、現代の日本人が読める方がおかしい。一応正解を書いておくと、「惆悵」が「ちゅうちょう」で、失望して悲しむ意、「倜儻」が「てきとう」で、才気が優れている意である。私もこんな難しい字を知っていたわけではなく、大型の漢和辞典を開いて、自分でも全く読めない難しそうな字を拾い出しただけだ。

一方、「阿」は誰でもよく目にする字である。「おもねる」という言葉も小説などでたまには見ることがある。ただ、「おもねる」を「阿る」と書くことを知っている人は少ない。それで試験問題に出したくなるのだ。

　しかし、「阿」をよく目にするのは「阿部」という人名（姓）がほとんどである。それ以外では、「阿諛《あゆ》（おもねる）」「阿世《あせい》（世におもねる）」にしか事実上使われない。この二語は読み方でも語釈でも難易度Aであって、日常的には使わない。要するに、我々は「阿部さん」の「阿」として親しんでいるだけである。従って、こんなに親しみのある「阿」だけれど常用漢字表にもその前身である当用漢字表にも入っていない。

　ところで、「おもねる」の否定形（「ない」をつけた形）と過去形（「た」をつけた形）はどうなるのだろう。

●おもねない、おもねた

●おもねらない、おもねった

　どちらも見かけるが、これは後の方が正しい。
日本語には二つの「ねる」がある。同じ「ねる」でありながら活用がちがうので、外国人の日本語学習者をとまどわせる。それぞれの否定形と過去形は、次の通りだ。

●寝る：ねない、ねた

●練る：ねらない、ねった

「おもねる」の語原は『広辞苑』などによれば「面練る」（顔を左右にふり向ける）である。否定形や過去形が「練る」と同じになるのは当然だろう。しかし、「おもねる」が古語化するにつれて活用をまちがえて使う人も出ているのだ。

「弁理士」と「弁護士」は仕事も違うし字も違う

一九九七年九月、橋本新内閣の佐藤孝行総務庁長官が就任後わずか一週間で辞任した。ロッキード事件で有罪判決を受けていたことが批判されたのだ。前科者は社会復帰できないのかという反論もあるけれど、この人は教養の点でも大臣にはあまりふさわしくなかった。

就任直後の記者会見で、事件について質問された佐藤新長官はこう答えた。「過ぎたるは及ばざるが如し」。

これは恥ずかしい。翌日の新聞は佐藤新長官の誤用を一斉に嘲笑《ちょうしょう》した。新長官は「過ぎたるは及ばざるが如し」を「過ぎ去ったことは追及できない」という意味だと思っていたのだ。正しくは「ゆき過ぎているのは力が及ばないのと同じだ」という意味である。

この言葉は『論語』に出てくる。二人の弟子の優劣を問われた孔子が、一人はゆき過ぎている、一人は力が及ばない、と答えた。それなら、前者の弟子の方が優れているのですね、と再度問われた孔子が答える。ゆき過ぎは及ばないのと同じだよ、と。

故事成語の教養がないこと自体は、実はさほど恥ではない。教養などなくても立派な生き方をしている人はいくらでもいる。しかし、故事成語を得意気に口にしたはいいが、それが誤用じゃ、これは大恥である。

他人事《ひとごと》ではない。私にも同じことがあるかもしれない。私自身ではないが、私へのインタビュー記事ではこんなことがあった。

三十年近く前の話である。某月刊誌の編集長にインタビューを受けた。彼は聞き上手で、私は快調にしゃべった。さて雑誌が出てみると、インタビューを載せた雑誌記事の後に編集長後記が載っている。そこで彼は私を評して「多々ますます弁ず」と書いているのだ。自分が書いたわけではないが、これは赤面ものであった。

この編集長は「多々ますます弁ず」を「多弁」つまり「おしゃべり」の意味だと思っている。正しくは「多ければ多いほど（多々）ますますうまく処理できる（弁じる）」という意味である。

出典は『十八史略』で、漢の高祖《こうそ》に、お前はどのぐらいの数の兵を指揮できるか、と問われた韓信《かんしん》が自信たっぷりに「多々ますます弁ず」、多ければ多いほどうまくやれます、と答える。おしゃべりとは何の関係もない。

某誌の編集長もまた大恥をかいたことになる。しかし、自分がインタビューを受けたからというわけではないが、この編集長の誤用については弁護の余地がある。いや、この「弁護」の「弁」と「多々ますます弁ず」の「弁」とは、本来別の字なのである。戦後の漢字改革で、別の字を無理に一つに統合してしまった結果、混乱が生じているのだ。

現行の「弁」は次の四つを兼用している。

●弁　かんむりの一種。
●辨（弁）処理する。「辨償する」「国連難民高等辨務官」「多々ますます辨ず」など。
●辯（弁）しゃべる。「辯論大会」「辯解する」「東北辯」など。
●瓣（弁）花びら。「花瓣」「安全瓣」など。

それぞれの字の中央を見れば意味は区別できるはずだ。「辨」は「刀（立刀《りっとう》）」だから、処理する。「辯」は「言」だから、しゃべる。「瓣」は「瓜《うり》」だから、切った形が花びら。

これを「弁」に統一するのに無理があったのだ。

似た名前の似た職業、「辨理士（弁理士）」と「辯護士（弁護士）」も、字の違いで区別ができるはずだ。辨理士は特許の出願を処理する。辯護士は法廷でしゃべる。一目瞭然ではないか。

外来語を使う時は「リゴリズム」で

日本語の中に欧米語が氾濫《はんらん》している。いわゆる片仮名語、外来語というやつだ。これは好ましいことではない。我々が使っているのは日本語なのだから、専門用語などを除き、日本語で用が足りる限り外来語など使う必要はない。外来語を不用意に多用する人は、おおむねキザで軽薄である。いまだに舶来崇拝《すうはい》に毒されているのだろうか。

とはいうものの、無意味に思える外来語使用にも、ある傾向が観察できる。使われる外来語はその文章の中のキーワードになっている場合が多いのだ。という時の「キーワード」が既にその例である。強調すべき言葉は外来語にしたくなるのだ。

おそらく、これはかつて漢語が同じ役割りを果たしたことの名残だろう。明治までは、文章の核となる抽象的な言葉は仏教や儒教の用語であり、漢字で表記される言葉であった。これは支那からもたらされた一種の外来語である。文章に強弱のめりはりをつける時、漢語や片仮名語に頼りたくなるのは民族的な癖《くせ》なのかもしれない。

しかし、それなら、せめて外来語は正しく使いたい。外国人に通じない外国語では大恥である。

「本とコンピュータ」（'97秋号）に『印刷に恋して』という体験記が載っている。筑摩書房の名編集者と謳《うた》われる松田哲夫が、印刷の手仕事の魅力を語ったものである。そこにこんなことが書かれている。

「あの日、目《ま》のあたりにした活版現場の光景をフィードバックして愉《たの》しんでいた」

意味不明の文章である。松田哲夫は「フィードバック」を「回想」のつもりで使っているようだ。しかし「フィードバック feed back」にそんな意味はない。直訳すれば、「元に供給する」ことで、生理学、工学、経営学などで広く使われる準専門用語である。結果をもう一度原因の方へ戻す、という意味だ。自動暖房装置では、まず温風を吹き出し、その結果を装置が検知して、温風の吹き出しを調整する。企業が新商品を売り出す時は、消費者の反応を見て商品を改良する。いずれも、ある行為の結果を行為主体が取り入れなおしている。こういったことがフィードバックである。松田がこの文章を読んで以後誤用しなくなるのも、一種のフィードバックと言える。定訳はないが、「反省」とでも訳すとわかりやすいかもしれない。

私自身の失敗談も書いておこう。

オックスフォード大学の社会学研究者と日本文化について話した時のことだ。私が英語まじりの日本語、彼女が日本語まじりの英語である。私が「朱子学の厳格主義《リゴリズム》」と言ったのが彼女にはわからない。「朱子学」がわからないのかなと思ったが、そうではなかった。「リゴリズム rigorism」がわからないのだ。

私は何冊もの国語辞典や哲学事典を示し「倫理的に自分を厳しく律する生き方」だと説明した。もちろん意味は理解してくれたが、「リゴリズム」なんて言葉は初めて聞くらしい。どの辞書にも英語の綴《つづ》りが併載されているけれど、イギリス人の学者が、イギリスでは使わないと言うのだ。

もしやと思って英和辞典を三冊とオックスフォード英英辞典を見てみたが、どれにもrigorism は出ていない。

さらによく調べてみると、英和辞典でこれを採用しているものも少数である。英米人にとっての外来語としてごく一部で使われているのかもしれない。そう思ってドイツ語とフランス語を調べてみると、独和辞典にはRigorismus、仏和辞典にはrigorismeとして出ている。どちらも英語とは綴りがちがう。おそらく、日本では重訳などの英語経由で輸入したのだろう。いったん日本に入ると好んで使われる外来語となった。音感が「ゴリゴリ」に近いことも、日本人好みなのかもしれない。

それにしても、私は日本知識人を代表してイギリス人の前で少々恥ずかしい思いをしたのであった。

「精神」や「神経」のどこが神なのか

正月になると、日本人は総じてにわか伝統主義者になる。普段は着もしない和服で初《はつ》詣《もうで》に出かける人も多かろう。初詣は本来神社に参るものである。その年の恵方《えほう》（縁起のい い方角）や産土《うぶすな》（氏神）の神様にお参りするからだ。古くからある歳神《としがみ》信仰もこれに関係しているらしい。

ところが、神社ではなく寺へ初詣に行く人も多い。寺は仏教の宗教施設であって、恵方とも産土とも歳神とも関係はない。それでも、参拝客の落とす賽銭は莫大だから、寺も初詣を断ったりはしない。むしろ宣伝しているほどだ。それに、たいていの寺は神仏混淆《こんこう》で、境内に社《やしろ》の一つや二つはあるから、言い訳には困らない。

神社にも寺にも初詣に行く人でも、さすがにキリスト教の教会には初詣に行かない。正月のつい一週間前には友人や家族とクリスマス・パーティをやったろうけれど、その時もパーティだけで教会には行かない。

神と仏は一緒にして平気なのに、神社の神と教会の神は、同じく神でも別扱いである。いっそのことどちらかの神が名前を変えればいいのに、と私は思うが、双方とも自分の立場を譲らないだろうな。

しかし、本当は名前を変えた方がいい。キリスト教の方がである。その方がキリスト教のためである。というのは、キリスト教の信仰の対象は「神」ではないからだ。

かつてキリスト教では信仰の対象を「天主」と呼んだ。キリスト教のことを「天主教」と言ったし、長崎の浦上には有名な天主堂がある。この「天主」はラテン語やポルトガル語の「デウス Deus」の音訳である。「テンシュ」と「デウス」で音が近い。それと同時に、天にあって万物を司《つかさど》る Deus の意味も訳し込められている。他に、「上帝」「天帝」などの漢訳があったようだが、「天主」は音も意味も兼備した優れた訳語だ。韓国には日本よりはるかに多くのキリスト教徒がいるが、朝鮮語ではキリスト教の神は現在でも「チョンジュ（天主）」である。

では、「神」とは何か。これは Deus や英語の God とは意味がちがう。現代日本人は欧米文化の影響で「神」をGodだと思いがちだが、そうすると漢籍を正確に現代語に訳せなくなる。『荘子《そうじ》』に庖丁《ほうてい》という料理の名人の話が出てくる。料理用の刃物を「庖丁《ほうちょう》＝包丁」と言うのはここから来ている。さて、庖丁は牛肉の解体がまことに巧みであったが、それは手先の技術を超えていたからである。そもそも牛肉を目で見ることなく「神《しん》」で見た、とある。

牛肉を「神」で見るといったって、Godが牛肉を見ているわけがない。心で、つまり心眼で見ているのである。そうすると、肉の筋がよくわかってスパリと切れるというのだ。こういう霊妙な働きや力が「神」である。

では、そういう「神」は英語ならどんな言葉になるか。翻訳学者柳父章《やなぶあきら》は『ゴッドと上帝』（筑摩書房）の中で、spiritが近いと述べている。

神＝spirit。確かに、こうすれば納得がいく。そして、欧米語を日本語に翻訳しようと苦闘した幕末から明治の先人たちは、spiritに「神」のつく訳語を作って当てた。「精神」も「神霊」もspiritである。「精神」の「精」は、「精米《せいまい》」の「精」で、米の中心。人間の中心にある霊妙な働きが精神である。「神経」にも「神」がつく。これはspiritの訳語ではないが、意味はこれに近い。「経」は地図の「東経」の「経」、織物の縦糸である。人間の体に張りめぐらされた霊妙な働きをする縦糸だから「神経」である。

「失神」は、Godを失った不信心な現代人という意味ではない。気（精神や神経）を失うことだ。こんな読みちがいをしないためにも、キリスト教は「天主」という言葉に変えた方がいいのである。

言葉の冤罪に慨嘆

時々、冤罪《えんざい》事件が起きる。そのうちのいくつかは意図的なでっち上げによるものである。政治的な対立者などを葬り去るため、犯罪者に仕立て上げるのだ。しかし、大多数は予断と思い込みに基づくいわば過失による冤罪である。前科者などいかにも疑わしい人物が濡《ぬ》れぎぬを着せられることが多い。確かに疑われるだけの理由はあるのだが、無実は無実である。悪いのは予断と思い込みだけで断罪した警察や司法関係者だ。慎重で確実な捜査こそその職責なのだから。

言葉についても冤罪事件はある。まちがっていないのにまちがっているとされる。いかにも疑わしいのに本当は無実である。そんな例がある。

産経新聞には毎週日曜日、一面に大きな対談記事が連載されていた。ベテラン漫画家の加藤芳郎をホストとする「甘辛倶楽部《あまからくらぶ》」だ。一九九七年十月二十六日は小説家の城山三郎が対談相手だった。城山は実業界や政界を舞台にした小説を得意とするなかなか見識のある作家である。その城山が、政治家の腑甲斐《ふがい》なさを嘆く加藤の「最近は『志《こころざし》』という字も見かけないね」という言葉を受けて、こう言っている。

1997年10月26日 産経新聞

「そういう死語がいっぱいあってね。『気概』は常用漢字では『気概』で、リッシンベンではない、心がないんですね。木へんで書いたら、全然違うものになっちゃう。何とかしてくれないとね。『気概』がないと、その人間の風格もできないね。いまや風格のない連中ばかりだね」

その横には加藤の手になる一枚漫画が載っている。今や消えてしまった「気概」を惜しむ「気概風格之像」の除幕式をする城山の似顔絵である。加藤も城山に同調しているのだ。

これには驚いた。城山三郎も、その発言を漫画にした加藤芳郎も、産経新聞の校閲部も、誰一人として、紙面の第一面を大きく占めることの〝言葉の冤罪〟に気づかなかったのだろうか。

「気概」は大昔から木偏の「気概」である。漢籍にも「気概」として出てくるし、日本でもずっとそう使われてきた。常用漢字でも、その前身の当用漢字でも「気概」である。立心偏の「気慨」なんて、誤用以外見たことはない。

「概」は「斗掻《とか》き」のことである。穀物を升《ます》で量る時、升の上を平らに掻きならす木の棒だ。そこから転じて、物事をはかる基準、さらに節操、という意味になった。「気概」とは、時流や俗情に左右されない節義や意志のことだ。

「慨」は「なげく」と訓《よ》む。「慨嘆」「憤慨」などの熟語に使う。「気慨」では「なげき」になってしまう。城山三郎と加藤芳郎のこの対談は、世を憂《うれ》え慨嘆してはいるけれど、そこで「気慨」ときちゃあ、これはもっと嘆かわしい。

常用漢字、当用漢字という戦後の国語改革は、改革の名を借りてかなり無茶苦茶をやった。言葉の論理性、文字の体系性を破壊したのである。本書にも何度も書いてきた通りだ。国語学者や小説家で国語改革を批判する人も多い。しかし、冤罪はまずい。この件に関しては、常用漢字は無実であり、「気概」を「気慨」と思い込んでいる城山三郎と加藤芳郎と産経校閲部の誤りである。

この対談が載った産経新聞は、その日の午前中に店頭から全部回収された。理由は「気概」ではない。紙面の広告に落書きをデザインしたものがあり、読者から不謹慎だという苦情が相次いだからである。広告部も自信を持ってこの落書きをデザインしたのだから、それで通せばよかったのではないか。デザイナーとしての気概はどこへいったんだろうと思う。ま、余談だけれど。

朝から始まるか、朝で終わるか

一九六〇年のフランス映画『黒いオルフェ』は、ギリシャ神話を下敷きにブラジルのカーニバルを舞台にしたロマンチックな名画である。主題歌の「カーニバルの朝」はスタンダード・ナンバーとして広く愛好されている。

これが大ヒットしたのは、私が中学生の時であったが、友人たちの間でちょっとした論争が起きた。この「カーニバルの朝」というのは、カーニバルの始まる朝なのか、カーニバルの終わった翌朝なのか。前者でも意味は通る。期待でわくわくする充実した朝という意味だ。後者でも意味は通る。祭の終わった快い虚脱感の漂う朝という意味になる。早々と映画を見てきた友人に聞くと、ストーリーからはどちらとも取れると言う。何年か後に名画座で見た私も判断はつかなかった。一番いいのは歌詞に当たることだが、ポルトガル語のわかる奴なんか誰もいない。結局、あいまいなままだった。
後に思い立って歌詞を調べてみた。私は今でもポルトガル語なんて全くわからないけれど、そんなに難しい文章でなければ、辞書を引くことでだいたいの意味はつかめるからである。しかし、やはりはっきりしない。詩的表現であるため、意味が必ずしも明瞭ではないのだ。
試訳してみよう。
まず出だしの部分だ。
「朝　とても美しい朝
生命の中に新しい歌がある
ただあなたの瞳　あなたの笑い
あなたの手を　歌う」
カーニバルの始まる朝とも終わった翌朝とも取れる。終結の部分にも「朝」という言葉は出てくる。
「私の心を歌う　喜びは戻った
とても幸せ　この愛の朝の中で」

カーニバルの終わった翌朝という感じがしないでもないが、断定はできない。虚脱感より充実感があるからだ。愛が復活したのでカーニバルを二人で楽しみましょう、とも受け取れる。正解は聞く人しだいというところだろう。

解釈が分かれるのは、我々が日本人だからかもしれない。日本語では「朝」という言葉が二つの使われ方をするからだ。「初まりの朝」と「終わりの朝」である。

『岩波古語辞典』によると、古代には、昼を中心にした時間の言い方と夜を中心にした時間の言い方があり、「朝」はそれに従って使い分けられたという。昼を中心とする場合は、一日の始まりで「あさ」、夜を中心とする場合は、一日の終わりで「あした」、字の訓も読み分けられたようだ。この「あした」は、やがて「翌朝」から「翌日」「明日」の意味になり、現在に至っている。

民俗学者の柳田國男も『日本の祭』の中で、昔の日本人の一日が夕方から始まったと書いている。これは昔の祭りのやり方によるものらしい。そうだとすれば、「カーニバルの朝」を祭が終わった翌朝と受け取るのも自然だということになる。

博物学者の南方熊楠《みなかたくまぐす》は「往古通用日の初め」という短文で、日没を一日の初めとする風習はあちこちに見られることを指摘している。『千一夜物語』には「前日の夜」が「今夜」

として出てくるし、同様の例はアテネやユダヤにも見られるという。支那では古くから現在と同じく、深夜に日付が変わった。「朝廷《ちょうてい》」に「朝」がつくのは、早朝から公務が始まるからである。日本では天智天皇の頃にこの時制が入ってきた。以後、一日の初めを決める方法には二つのやり方が混在し、やがて朝が一日の初めになったのである。

いろは歌、清むと濁るで大ちがい

日本語では濁音を表記するのに、清音の仮名文字に濁点（濁音符）をつける。「か」に濁点をつけて「が」、「そ」に濁点をつけて「ぞ」とする。我々はこれを当たり前のように思っているけれど、外国語に較べて珍しいことである。例えば英語では、KとG、SとZは初めから別の文字である。日本語では、濁音を清音の二次的派生物として表記しているわけである。

このことから推測できるように、日本語には本来清音と濁音を区別するという意識は弱く、文脈に応じて清音を濁音に読んでいた。これをはっきり区別するようになるのは江戸時代からで、その頃から濁点の使用がふえてくる。従って、古い文章を読む時は濁点がなくても濁音に読む場合があるので注意しなければならない。

こんな狂歌がある。

●世の中は清《す》むと濁るで大ちがい　刷毛《はけ》に毛があり禿《はげ》に毛がなし

●世の中は清むと濁るで大ちがい　福に徳あり河豚《ふぐ》に毒あり

しかし、言葉遊びではすまないものもある。仮名文字の基本中の基本、いろは歌が清むと濁るで大ちがいなのだ。

いろは歌は弘法大師の作と伝えられるが、学者たちは、言葉の使い方から見てずっと後世の平安末期に作られたと考えている。いずれにしても、すべての仮名文字を一回ずつ使って仏教思想の「諸行無常」を読み込んだ名作であることにはまちがいない。

「いろはにほへと《ど》　ちりぬるを

わかよ《が》たれそ《ぞ》　つねならむ

うゐのをくやま　けふこえて

あさきゆめみし《じ》　ゑひもせす《ず》」

初めの三節はわかりやすい。

色鮮やかな花は匂うように咲いていてもやがて散ってしまうのに、一体この世で誰が恒常不変なのだろうか。現実界のもろもろのしがらみ（有為の奥山）を今日も踏み越えて……。

さてその次、最後の一節が清むと濁るで大ちがいになる。「ゑひもせず」は、「酔ったりしない」でよい。その前は、「浅き夢見し」なのか「浅き夢見じ」なのか。「見し」だと、「虚しく浅い夢を見た、それに酔ったりしない」となる。「見じ」だと、「虚しく浅い夢など見まい、それに酔ったりもしない」となる。「見た」と「見まい」では大ちがい。ここでは「見じ」の方がすっきりと通る。

明治の初め、白人女性として初めて日本の東北地方を走破したイザベラ・バードは、日光の小さな村の小学校でいろは歌を教えているところに出会い、次のように記録している（『日本奥地紀行』高梨健吉訳、平凡社）。

「色や香りは消え去ってしまう
この世で永く続くものは何があろうか
今日という日は無の深い淵の中に消える
それはつかの間の夢の姿にすぎない
そしてほんの少しの悩みをつくるだけだ」

イザベラはどちらのつもりで書いているのだろうか。「夢を見た」なのか「夢を見まい」

なのか。どちらとも取れる。現実界の日々の生活は「夢の姿」にすぎない、と言っているのだから。イザベラにいろは歌を教えた通訳も、そのあたりは自信がなかったのだろうか。もっとも、高梨健吉の翻訳では、この横にいろは歌が添えられていて、そこでは「浅き夢見じ」となっている。

大和言葉の数詞と論理性

ずっと前のことだが、京都へ行ってバスに乗った時、おかしなことに気づいた。車内放送で「次はナナジョー」と言うのだ。七条のことである。「ななじょう」はおかしい。「しちじょう」のはずである。四条や一条と聞きちがえないようにとの配慮なのだろうが、それならアナウンサーの発音訓練を徹底することが先だろう。伝統的な読み方を勝手に改変するのは本末転倒である。

念のため、京都で生まれ育った友人に、「あれは『ななじょう』とは言わないよな」と聞くと、「うん、言わん」と答える。意を強くしていると、続けて「あれは『ひっちょ』や」と言う。「しちじょう」でさえないらしい。

関西では「し」を「ひ」に訛《なま》ることがある。「質屋」も「ひちや」である。「ひっちょ」

だと「いちじょう」とも「しじょう」ともちゃんと区別できるところが妙である。しかし、バスの車内放送では「ひっちょ」ともいくまい。そこで便法として「ななじょう」が広まっていったようだ。

漢数字の音読み（いち、に、さん、し……）は、もともと支那の言葉であって、日本語とは系統がちがう。そのため、日本語の中では聞き取りにくくなることがある。バスの車内放送ぐらいならともかく、軍隊では取り返しがつかない事故につながりかねない。そこで旧日本軍では、四を「よん」、七を「なな」と発音させた。これはまた古参兵の新兵いじめの道具にもなった。

大西巨人の『神聖喜劇』（光文社）に、こんな話がある。意地悪な古参兵が新兵たちに、さりげなく「えーと、赤穂浪士は何人いたっけなぁ」と聞く。新兵が「しじゅうしち士《し》であります」とうっかり答えようものなら、ビンタである。それはシャバでの話。軍隊では「よんじゅうなな士」が正解なのだ。

このことから、少なくとも戦中までは、あまり教養がない人たちも「四十七士」を正しく「しじゅうしち士」と読んでいたことが、逆にわかる。現代なら大学生でも正しく読めないかもしれない。

さて、「よん」や「なな」は、漢数字の影響を受けていない日本の固有語（大和言葉）の数詞である。その基本的部分である一桁を全部言うと、次のようになる。

「ひ、ふ、み、よ、い、む、なな、や、ここ、と」

固有語だけに、漢字を使わない民衆文化の中にこの数え方は長く生きている。落語の『ときそば』にあるように、時刻の数え方はこれだし、お手玉の時に歌う童歌《わらべうた》もこちらの数え方である。

この数詞をよく見てみると、規則性があることに気づくだろう。

ひ（hi）×2＝ふ（hu）
み（mi）×2＝む（mu）
よ（yo）×2＝や（ya）

母音も子音も見事な対応関係を形成している。しかも、「よ」は「ひ」「み」とちがって二つに分解できる偶数であることまで母音のちがいに反映されている。素数の観念の萌芽（厳密には一は素数に含めない）さえ感じられるのだ。

この数詞がいつ頃成立したのかは明らかではないが、まだ文字も知られていない時代に、先進国である支那や朝鮮の文化とは無関係に生まれたものであることはまちがいない。固有語の数字だからだ。言葉は、どんな原始的なものであっても、本質的に論理的なのである。

憶えにくい「帰納」と「演繹」

漢字の長所の一つに「造語能力」がある。これを利用すると、海外の先進国から入ってきた学術用語や専門用語を簡単に日本語化できる。漢字が表意文字だからできることである。ヘブライ語を公用語とするイスラエルは近代科学用語をヘブライ語化するのにずいぶん苦労したというし、伝統的な民族語が日常的に使われているアフリカ諸国も同じような課題を抱えている。ヘブライ語はヘブライ文字で表記するし、アフリカ諸国のほとんどはローマ字を使っているからだ。どちらも表音文字である。

漢字の造語能力が威力を発揮したのは、当然ながら明治初期である。現在我々が使っている政治、経済、哲学、科学などの用語の多数が、この頃翻訳によって作られている。そもそもこの「経済」「哲学」「科学」がヨーロッパ語の翻訳語なのである。

●economy（家産の管理）→経済（経世済民＝世を経《おさ》め民を済《すく》う）
●philosophy（知を愛する）→哲学（哲《さと》りの学問）
●science（知識）→科学（科目化する学問）

どれもよく工夫され、簡潔かつ的確に原意を移し替えている。

漢字の造語能力はこのように優れたものだが、使い方を誤ると、その力は十分には発揮されず、かえって言葉の系統的理解を妨《さまた》げることにもなりかねない。

学術用語や専門用語は抽象度が高く、反対語や関連語を体系的に持っている。漢字熟語は表意文字の組み合わせだから、こうしたものを表現しやすい。ヨーロッパ語はアルファベットで表記するけれど、接頭語や語根が表意文字のような役割を果たし、これによって言葉の体系性がわかることがある。こうしたヨーロッパ語は一連のつながりで日本語に翻訳すべきだった。

哲学や論理学などで使われる言葉に「演繹《えんえき》」がある。一般的な原理から個々の事例を導き出すことだ。この反対語が「帰納《きのう》」である。個々の事例から一般的な原理を導き出すことだ。この二つの言葉、なかなか理解しにくいし憶えにくい。それに、一見して反対語だともわかりにくい。

しかし、表音文字を使う英語だとかえってこれが一目瞭然なのである。

●deduction（演繹）

●induction（帰納）

英語だと視覚的にも対応関係がわかる。語中のductは「導く」という意味で、単独でも「空調のダクト（送風管）」として使われる。個々の事例を原理に導き入れる（in-）ことと、その反対に原理から個々の事例を導き出す（de-）ことなのだ。

日本語の「演繹」「帰納」では文字が対応していない。その上、「帰納」は「原理に帰着し納める」で一応わかるとしても、「演繹」がわかりにくい。

「演繹」は古くは『中庸《ちゅうよう》』に出てくる。ただし、意味は現在の「演繹」と少しちがっていて、真義を推論してゆくことである。

「演」は「延」と同じエンと読む。音が同じ漢字は意味が近くなることが多い。文字が作られるはるか以前から、人間は音声言語を使っていたからだ。「演」も「延」に近く、のばす、ひろげる、という意味である。「繹」は糸偏があるように、糸口。糸の束から糸口をのばしてゆくから「演繹」、つまり、原理から推論によって個々の事例を導き出すことになる。「演説」も同じ。説をのべひろげるという意味だ。これも明治初期、speechの翻訳語として作られたものだ。それまで演説の習慣のなかった日本では「演説」という言葉もなかったのである。

さて、「演繹・帰納」だが、「出理・入理」とか「出則・入則」とでもしたらわかりやすくなると思うが、どうだろう。

赤の広場の白い人たち

一九九八年五月二十五日の産経新聞にこんな記事が載った。「赤の広場で」という通しタイトルの随時連載コラムで、書いているのは同紙モスクワ支局の内藤泰朗記者である。「ロシアでは最近、アジアやアフリカ系の留学生を狙った傷害事件が多発している。犯人は白系ロシア人の若者たちだ」

通貨が不安定なロシヤへやってくる留学生たちは相対的に金持ちだし、その留学生がアジア系やアフリカ系であれば有色人種への差別意識も加わり、路上強盗事件が起きやすいのだという。ロシヤの経済的苦境を表す話だが、それにしても、犯罪者として白系ロシヤ人が現れるまでロシヤは混迷しているのか。一九一七年のロシヤ革命から既に八十年を越えた時点で、よくぞ白系ロシヤ人が生き残っていたものだ。

白系ロシヤ人とは、赤色ロシヤに抵抗する貴族や富豪などの反共的なロシヤ人のことである。収容所群島と呼ばれた超管理国家ソ連の時代を、そんな白系ロシヤ人がどうやって生き延びたのだろう。彼らは革命期に故国を脱出して西欧やアメリカや日本に逃れ、その地に定住していったはずだ。戦中戦後、巨人や大映で活躍した名投手スタルヒンもそうした亡命白系ロシヤ人の一人である。

そんな苦難の歴史を持つ白系ロシヤ人が現在のロシヤにいるはずもない。どうやら内藤記者は、白系ロシヤ人を白人のロシヤ人のことだと思っているらしい。反共を社是同然とする産経新聞のモスクワ支局記者が、反共についてもロシヤについてもこんな認識をしていては困ったものである。

白系ロシヤ人と白人であるロシヤ人とは全然別物である。しかし、まぎらわしいといえばまぎらわしい。ところが、これに加えて白《はく》ロシヤ人という人たちもいるから、さらにややこしくなる。

白ロシヤというのは国名・民族名である。旧ソ連は正式名をソビエト社会主義共和国連邦と言ったように、十五の共和国の連邦であった。ロシヤが最大の共和国で、白ロシヤもそのひとつである。白ロシヤは中核民族がスラブ系であり、言語（白ロシヤ語）も生活習慣も同じスラブ系のロシヤとよく似ている。「白」という理由は、タタール人の支配からの自由を意味するとか、髪や瞳の色が薄いからだとか、宗教的な意味があるとか、諸説あるが定説はない。

この白ロシヤの名前を最近は聞かなくなった。旧ソ連時代にはソ連とひとくくりにされていた各共和国が、ソ連崩壊後は単独で国際社会に登場するようになった。その過渡期に、次のように二度名前が変わったのである。正確に言えば、日本における呼称が変わったのだ。

●白ロシヤ（旧ソ連時代）
●ベロルシヤ（ソ連崩壊直後。ロシヤ語で「白いロシヤ」という意味）
●ベラルーシ（ソ連崩壊の数年後から。白ロシヤ語で「白いロシヤ」という意味）

現地の発音を尊重するという意図らしい。しかし、それなら原綴《げんてい》・原音では「ロシヤ」なのに「ロシア」と半強制的に書かせる文科省の指導は、なぜ改めないのだろうか。「日比谷」はヒビヤであってヒビアではないし、「大宮」はオオミヤであってオオミアではない。「貸家」だってカシアではないぞ。これと同じはずだ。岩波の辞典は以前の版は『ロシヤ語辞典』、白水社の語学書も『ロシヤ語初級コース』である。

さて、「白」はこれでいいとして、内藤記者のコラムが「赤の広場で」というのに疑問を持った人もいるかもしれない。共産主義をやめたのに「赤」はおかしいじゃないか、と。

しかし、この広場の名称は、革命前の帝政時代もソ連時代もそして今も「赤の広場」である。この「赤」は共産主義とは関係がなく、「立派な、美しい」を意味する。日本語の「赤心（まごころ）」「赫々《かくかく》たる業績」に近い用法である。

上弦の月だったっけ、みょうに忘れっぽいね

前に文部省唱歌『紅葉《もみじ》』について、区切りがわかりにくく誤解されやすい、と書いた。似たような例は他にも多い。私は、ある歌を長い間誤解していて、その上、嘲笑《ちょうしょう》までしていた。いや、申し訳ない。吉田拓郎のヒット曲「旅の宿」だ。その一節に、こうある。

〽上弦の月だったっけ　ひさしぶりだね

なんてバカな歌なんだろうと思っていた。久しぶりもなにも、上弦（上絃）の月なんて一箇月のうち三日月《みかづき》の後の四、五日は必ずそうだ。広義に解釈すれば、新月から満月までの二週間は全部上弦の月である。どちらにしろ久しぶりのわけがない。吉田拓郎は、上弦の月を中秋の名月のことか何かと勘ちがいしてるんじゃないの。と、ひそかに嘲笑していたのだが、歌詞カードを見てみると、私の方が勘ちがいをしていたのである。このあとに

続くのだ。

〽上弦の月だったっけ　ひさしぶりだね月みるなんて

「月みる」のが「ひさしぶり」なのであった。しかし、耳で聞くとそうは聞こえない。歌詞カードを見て初めてわかる。要は区切りがおかしいのである。

私が「旅の宿」に誤爆の嘲笑を加えたのには、別の原因もある。月の上弦下弦が憶えにくく、誤用されることも珍しくないからだ。

横山大観といえば、近代日本画の巨匠である。一八六八（明治元）年に生まれ、九十歳の長寿を全《まっと》うし、晩年まで創作意欲は衰えることがなかった。その大観の戦後の代表作に『上弦の月』と題する一枚（次頁の図版）がある。晩春の梅林に二人の人物が点景として描かれている。幻想的な雰囲気の中に春の夜の穏やかさがよく表現されている……のだが、この月が実は下弦の月なのである。

大観の『上弦の月』に描かれた月は、左側が輝いている（右側が欠けている）。月齢が二十五、六といったところの下弦の月である。上弦と下弦では、月の出、月の入りの時刻もちがう。上弦は月の出が昼で（当然、見えない）、夕方の空に輝き始め、深夜西に没する。これが徐々にずれてゆき、下弦は深夜の空に上り始め、明け方に南中する。大観の絵

『上弦の月』横山大観

は、靄《もや》がかかり、人物が散策しており、春の宵《よい》であって深夜ではない。宵に出ていれば上弦の月なのだから、時刻は画題の『上弦の月』で正しい。しかし、肝心の月の絵が逆なのである。

　日本画の巨匠でさえこのていたらくだ。普通の人が上弦下弦の区別があいまいであってもしかたがない。そもそも「上弦下弦」の意味するところがわかりにくい。

　この「弦」は弓の弦《つる》である。半月《はんげつ》の輪郭の弧《こ》の部分を弓に見立て、直径の部分を弦に見立てたわけだ。そして、弦が上向きの月を上弦の月、下向きの月を下弦の月、と言った。

　しかし、この半月の弓の弦、実際には必ずしも上弦が上向きで下弦が下向きにはならない。南の空では、月は横向きに満ち欠けを繰り返すが、東や西の空では上向きや下向きになる。月の出と月の入りでその上下が逆転する。上弦の月は、月の出には下向き（つまり下弦）で、月の入りに文字通り上弦で上向きになる。下弦の月はその逆だ。弦の上下で判定できるのは、月の入りの時、すなわち深夜の月か明け方の月なのである。普通、月を見るのは夜半前のことが多いから、弦の上下では判定しにくいのだ。

私は次のように記憶している。

一、月は満月を間《あいだ》に上弦から下弦へと移行する。

二、上弦は右側が輝き、下弦は左側が輝く。

この一、二を併《あわ》せて、三日月は右側が輝くと憶えておくといい。三日月は上弦に決まっており、三のミが右のミを連想させるからだ。

ところで、この記憶法には注意が必要である。上弦の月は右側が輝くといっても、それは北半球でのことである。南半球では逆に上弦の月は左側が輝く。赤道近辺では頭の真上に月が来るから、これでは右が輝いているのか左が輝いているのか区別がつかない。

そうしたこともあって、天文学の入門書などには、上弦の月は西半球が輝き、下弦の月は東半球が輝く、と書いてある。右左という相対的な位置より西東という絶対的な位置の方がまちがいがないからである。

ところが、これにも注意が必要である。月面の東西は地球の東西と逆になるからだ。月の南北は地球と同じである。月の自転軸と地球の自転軸は並行だから、これはわかりやすい。しかし、自分が月面にいると考えて、月の南北を基準に東西を考えると、これが逆になる。あくまでも地球を基準に考えなければならない。我々は空を地上の背景だと考えている。西の空というのは、地上の西を延長した背景である。その西の空に月が浮かんでいれば、月の東西は空の東西と同じでなければならない。つまり、月の東西は「向かって東」「向かって西」なのである。

「憮然」と「愕然」、どっちが内向的でどっちが外向的

漢字は支那人が支那語を書き表すために作り出した文字である。その漢字が、言語の構成の全然ちがう日本に入り、現在に至るまで使われている。二千年も三千年もの時代を経、民族も異《こと》にしながら、ほぼ同じ意味で文字や熟語が使われているのだ。ちょっと驚異的なことである。

これは漢語が文章語だったからである。かつて知識人たちは、支那の古典を学び、言葉の使い方を憶えた。明治になってからも、そういった教養を持つ人たちが漢字を使って欧米語を日本語化した。また、教科書や新聞で、古典に由来する漢語は教養の基礎として使い続けられている。

文章語は固定性がきわめて強いのである。

しかし、最近、文章語である漢語が口語の音感に影響され、その語義まで不安定になっているらしい。

一九九八年十月二十一日の朝日新聞夕刊に、前月八十歳で死去した小説家の堀田善衛《ほったよしえ》の追悼記事が載った。そこに、こうある。

「七十歳のとき。『憮然《ぶぜん》として七十歳。何が古稀《こき》なものか。漢詩でも書くか』。モンテーニュの伝記『ミシェル　城館の人』に取り組んだ」

漢詩でも書くかと宣言した小説家がモンテーニュの伝記に取り組むというのがよくわからないが、七十歳になっても気力は少しも衰えなかったということらしい。まわりの人たちが、古稀ですね、と長寿を祝おうとするのに「憮然としていた」というのだから。

憮然とは、口にはっきり出さなくとも、忿懣《ふんまん》やるかたない表情を見せることである……のだろうか。いや、実を言うと、私も以前まではそう思っていた。この意味で「憮然」はよく使われるからである。

しかし、多くの漢和辞典が「憮然」の出典として挙げる『論語』微子《びし》篇を見てみると、また漢和辞典の語釈を見てみても、本来の意味はかなりちがう。憮然とは、がっかりする、嘆く、という意味なのである。

『論語』微子篇の話は、ざっと次のようなものだ。
弟子を連れた孔子が田舎道を通りかかった。ふと見ると、二人の百姓とも思えない人物が畑を耕している。孔子が弟子に道を訊《たず》ねに行かせると、二人の人物は、あの博識の孔子さんにもわからぬことがあるんかのう、と皮肉なことを言う。さらに、つまらぬ世の中にこだわるより、いっそ世捨て人になった方がよかろう、と、自分たちの仲間入りをすすめる。この二人はただの百姓ではなく、隠者《いんじゃ》だったのだ。弟子は驚いて孔子のもとに戻り、今聞いた話をした。すると孔子は「憮然として」言う。人間は鳥や獣と一緒になって生きるわけにはゆかぬ。どんなに乱れた世の中であろうと、それを変革しながら人間社会で生きてゆくほかないではないか、と。

利《き》いたふうなことを言う隠者たちのシニカルな超俗ぶりに、孔子は忿懣やるかたない……のではなく、気落ちし、嘆くのである。長らく理想を説き続けてきたのに、冷笑を浴びせられたからだ。

これからわかるように、「憮然」とは内向的な感じの言葉である。しかし、今では噴出せんばかりの怒りを辛くも圧《お》しとどめた外向的な感じの言葉として使われる。漢詩を書こうという堀田善衞でさえ、そんなふうに使っているのだ。

どうしてこうなったのか。おそらく、ブゼンという音感によるものだろう。ブスッとふてくされた感じがするからだ。

似た例は他にもある。「愕然《がくぜん》」である。「愕」は「驚愕《きょうがく》」の「がく」だから、驚くという意味である。しかし、驚くだけでなく、今は多くの人がこの言葉にこそ、気落ちするという内向的な感じを受けるだろう。ガクッと気落ちするように感じるからだ。

『史記』留侯世家《りゅうこうせいか》では、「愕然」はむしろ外向的に使われている。

漢の高祖に仕えた名臣張良《ちょうりょう》は、若い頃、ある橋を通りかかった。すると、そこに乞食のようなかっこうをした老人がいて、橋の下に自分のボロ靴を投げ落とし、張良にこう言った。おい、小僧、あの靴を拾ってこい。張良は「愕然として」殴りつけてやろうかと思ったが、相手は老人だからと自分を圧《お》さえ、橋の下から靴を拾ってきてやった。実は老人は張良を試したのであり、ほどなく見込まれて兵法書を授けられることになる。

ここでは「愕然」は外向的、攻撃的に使われているのだ。

かつて文字メディアしかなかった頃には「憮然」も「愕然」もその音感の影響はなかった。ラジオやテレビのように聴覚に訴えるメディアが盛んになるにつれ、ちがう言葉の音感に引きずられ、本来の意味も変わり出したのである。

「ひだるい」倦怠感て何だ?

かなり前のことだ。手もとに何も読むものがなく、ふと目に入った朝日新聞の俳壇・歌壇ページを読んでみると、意外にもこれが面白い。自分では俳句も短歌も作りはしないのだが、それ以来このページだけはちょくちょく目を通すようになった。

まず、投稿の俳句や短歌に素朴な感動があっていい。そして、時評欄で論じられるプロの俳人・歌人の作品に意味不明の日本語がしばしば見られ、現代日本語事情の資料になって、これまた興味深い。

素朴な投稿作については、別の機会に紹介しよう。ここではプロの歌人の意味不明の日本語について論じてみたい。というのは、我々は、歌人は凝縮された言語表現をする文章家であり、一語一語をよく吟味《ぎんみ》して使うはずだ、と思い込んでいるからだ。しかし、実態はそうではない。言葉を吟味するどころか、あやふやな知識のまま思いつきで奇矯《ききょう》な表現を弄《もてあそ》んでいる輩が多いのである。

一九八三年六月十二日の時評欄には、「女流の新風」と題して、現代歌人協会賞を受賞した沖ななも『衣裳哲学』所収の短歌が紹介されている。そのうちの一首。

●なにがなしひだるいこころわく春の漁村は白くものおともせぬ

この歌を歌人の来嶋靖生は、こう評する。

「こういう作風だが、ここにある倦怠《けんたい》感や傍観者的な態度はなるほど『現代的』である」

この歌のどこに倦怠感があり、どこが傍観者的なのだろう。全く逆に、深刻な切迫感がある。のどかなはずの春の漁村は寂《せき》として静まり、ところどころに白骨だろうか、白いものが見える。村を飢饉《ききん》が襲っているのだ。この飢えた漁村に、どういう事情でか足を踏み入れた作者は、自らも空腹を感じた、というのである。

この歌を字義通り受け取ればそうなるはずである。それなのに、評者は倦怠感を読み取り、歌全体の雰囲気も倦怠感を漂わせているのは、どこかに言葉を誤用しているからだ。少し注意してみればわかる。作者の沖ななもも評者の来嶋靖生も「ひだるい（空腹で気力がない）」を「けだるい（倦怠感がある）」と混同、いや、悪くすると高級な雅文表現だと思って得意気に使っているのである。こんな短歌が現代歌人協会賞を受賞し、全国紙でプロ歌人が賞賛するというのが、それこそ「現代的」な短歌の世界なのだろう。

一九九四年六月十九日には、山中智恵子の第十三歌集『黒翁』（砂子屋書房）が紹介されている。

●あまざかる老近代といはむかな折口批判ひとつ読み終ふ

「あまざかる老《おい》」なのか「あまざかる老近代《ろうきんだい》」なのか不明だが（仮に「老近代」という言葉があるとして）、どうしてそれに「空遠く離れた」という枕詞がかかるのだろう。「あまざかる」は「鄙《ひな》」にかかると決まっているはずである。山中智恵子は「あまざかる」を「甘酒がある」か「赤毛猿」か何かと勘ちがいしているのだろうか。もっとも、それでも意味が通らないことは同じだが。

朝日新聞の紹介記事だけでは不十分かとも思い、この『黒翁』を買って読んでみると、こんな歌も出ている。

●たまきはるキリストは降る春の日に童子の口は暗く開《あ》きたり

「開《あ》きたり」は仮名がふってあるので、そう読ませるのだろう。「降る」は「ふる」のか「おりる」のか「くだる」のか、よくわからない。「春の日」とあるから、春の受難節、すなわちイエスの磔刑《たっけい》を記憶する日のことで、イエスの遺骸が十字架から降ろされる様を詠《よ》んだものと思われる。

それなら、「たまきはる」というのは何か。「たま」は「魂」、「きはる」は「刻《きざ》む」または「極まる」で、「生命」「世」「昔」などにかかる枕詞だが、『岩波古語辞典』によればかかり方の詳細はわからないらしい。だからといって、「キリスト」の枕詞に勝手に流用していいというものではなかろう。その上、山中智恵子は、魂《いのち》が消える、終わる、という意味で使っているように思える。キリストの亡骸《なきがら》というつもりらしいのだ。

枕詞というものは、思いつきで勝手に使っていいものだろうか。「あしびきの福引」だの「ぬばたまのゆでたまご」だの「あおによし猪鹿蝶」だの「やぐもたつ女郎蜘蛛《じょろうぐも》」だの、私ならここまでやりたいが、こういうのも許されるのだろうか。

意識的な伝統破壊と単なる無知無神経が野合して同居しているのが、閉鎖的なこの世界の姿なのらしい。

「いわく」と「のたまわく」

日本における漢文は西欧におけるラテン語のようなものだ、とよく言われる。ともに古典文章語であり、これを学ぶことによって詩句を憶えたり、言葉の由来や言いまわしを知ったり、教養の基盤となってきた。

しかし、大きく異なっている点もある。ラテン語はラテン語という外国語として学ぶのだが、漢文は外国語（支那語）ではない。外国語をそのままの形で日本語として読んだものである。cogito, ergo sum は、イギリス人もドイツ人も、またこの言葉を発したフランス人であるデカルトも、「コギト　エルゴ　スム」とラテン語で読み、それから自国語になおす。しかし、漢文は初めから日本語で読む。cogito, ergo sum をそのまま「我思う故に我あり」と読むのが漢文である。

ということは、漢文では意味が通じれば少しぐらい読み方を変えてもいいということだ。「我は思う、よって我はある」としてもかまわない。翻訳書に別の訳者の訳文があってもいいのと同じだからだ。ただ、学派ごとの統一見解、また一冊の古典を読む上での言葉の整合性というものはある。

『論語』の中には「子曰」が頻繁に出てくる。先生（孔子）がおっしゃるには、という意味だ。これは「子《し》いわく」と読んでもいいし、敬意を強めて「子のたまわく」と読んでもいいし、主語の助詞を入れて「子のいわく」「子ののたまわく」と読んでもいい。支那人は「シ・エツ」（に近い古代支那語）と読んでいたのだが、日本人は意味がわかれば幾通りに読んでもいいわけだ。

文脈に応じて同じ「曰」を読み分けるということも学派によっては行なわれてきた。岩波文庫の『論語』（金谷治訳注）は、江戸時代の林羅山《はやしらざん》、後藤芝山《ごとうしざん》らの読み方をもとにして金谷の見解を加えたものだが、孔子とそれ以外の人物とでは「曰」を「のたまわく」と「いわく」とに読み分けている。もちろん、孔子には別格の敬意を払ってのことだ。これによって、一章全体の意味がわかりやすくなるということがある。孔子と弟子が問答を繰り返すような時「曰く……」「曰く……」が続けざまに出てくる。それを「のたまわく」と「いわく」に読み分けることで、どちらが先生の言葉でどちらが弟子の言葉か容易にわかるのだ。本家の支那人にはできないことを日本人はやっているのである。

さて、岩波文庫の『論語』の「曰」の用法をさらによく観察すると、もっと微妙な使い分けがされていることに気づく。この本では主語の助詞を入れて読んでいるのだが、それが発話者によってちがう。孔子の場合は「子ののたまわく」、他の人の場合は「仲弓《ちゅうきゅう》がいわく」、というように、「の」と「が」を使い分けている。さらに、古代の伝説上の聖帝 堯《ぎょう》は「尭のいわく」としている。

整理してみると、次のようになっている。

●子ののたまわく　「の」と「のたまわく」を併用
●堯のいわく　「の」だけ使用
●仲弓がいわく　「の」も「のたまわく」も不使用

つまり、『論語』を学ぶ学徒たちの間では、孔子が古代の聖帝よりも偉大で、その次が聖帝で、それ以外は王侯貴族だろうと庶民だろうと一括してその他大勢、という扱いなのである。我々は、儒教というと社会的身分関係を絶対視した因習のように思いがちだが、実は社会秩序の基準に思想を据えているのだ。思想的信念こそ第一であり、世俗の秩序はそれより下と見ていたのである。

ところで、今説明をしないで話を進めたのだが、岩波文庫版『論語』に表れているように、日本語の古文では、主語の助詞「の」と「が」とでは、「の」の方が敬語として使われる。興味深いことに、この用法は今でも九州の一部で方言として生きている。

●先生の喜ばれるごたる（先生が喜ばれるようだ）。

●子供が喜ぶごたる（子供が喜ぶようだ）。

「の」方が敬意を込めた主語となっている。

漢文は支那語を読むために発案された翻訳法にすぎないのだが、その中に先人の無数の智慧を発見することもできる。

死語に濡れぎぬを着せる差別語狩り

一九七〇年代から始まった異常な差別語狩りは、時々申し訳程度の自制の声が出るものの、むしろ着実に現代社会を浸蝕しつつある。この問題の根底には、今や国是の如き最強イデオロギーとなった人権イデオロギーが控えているのだが、そんな原理的・思想史的考察は別の機会に譲るとして、差別語の汚名のもとにその歴史さえ歪《ゆが》められている言葉について考えてみよう。

三省堂の広報誌「ぶっくれっと」は、辞書の名門出版社らしい記事が多く、読書家に喜ばれている。しかし、その百二十八号（一九九八年一月）の「ことばの迷宮」という連載エッセイには、疑問符がつく。筆者は東洋大学講師の川村三喜男とある。

川村は、日本語の「ガイジン」には単なる外国人という以外に「よそ者」という意味が感じ取れると言う。これはその通りだ。次いで川村はこうつけ加える。

「ただし典型的な『ガイジン』は白人であり、日本人による差別の対象となってきた東アジア出身者ではない。かつて彼らは『三国人』と呼ばれていた」

この前半部分もその通りだ。だが、後半部分に疑問がある。かつて東アジア出身者が一律に「三国人」と呼ばれていたのだろうか。また「三国人」は差別語なのだろうか。

「三国人（または第三国人）」という言葉は、現在はほぼ死語となっている。一九六〇年代までは残っていて、新聞や雑誌でもよく目にしたし、テレビやラジオでも使われていた。それが一九九〇年代にはほとんど使われなくなったのは差別語狩りによるものではない。後述するように、三国人という規定がなくなったからである。「六《ろく》波《は》羅《ら》探題《たんだい》」という言葉がここ六、七百年間ほとんど使われないのは、一三三三年にそれが廃滅して以来、六波羅探題という制度そのものがないからだ。これと同じである。

しかし、「三国人」が死語化したが故に、これがかつてあった差別語だという誤解も生じている。数年前、ある週刊誌が在日朝鮮人歌手を紹介した記事に、戦時中は朝鮮人は第三国人として差別されたという一節があった。驚いてその雑誌に問い合わせると、記者は論拠を教えてくれた。新聞記者や雑誌編集者が必ず持っている『記者ハンドブック――用字用語の正しい知識』（共同通信社）に、次のような用字用語の正しくない知識が記載されているのである。

同書の「差別語、不快用語」のページに、こう出ている。

「第三国（人）：例えば日米交渉で両国以外の国という意味で使う『第三国』はよいが、戦争中に使われたような朝鮮人、中国人を意味する『第三国（人）』は使わない」

これを読めば、何も知らない若い記者たちは「第三国人」は戦争中に生まれた差別語だと思ってしまう。しかし、そもそもこの文章ではなぜ「第三」なのかわからない。いや、これを書いた当人もわかっていない。朝鮮人は戦後には確かに第三国人だったけれど、支那人は一度も第三国人であったことはないのだから（台湾人も支那人だと考えれば別）。

これについて簡潔かつ正確な記述がしてあるのは『日本国語大辞典』である。

「第二次世界大戦後の占領時代に、かつてわが国の統治下にあった諸国の国民（朝鮮人・台湾人）に与えられた名称。一般の外国人（連合国人・中立国人）とは異なる法律上の取り扱いを受けた」

敗戦まで朝鮮・台湾は日本の植民地であった。日本の植民地方式は世界的にも珍しい自国民化（皇民化）であり、朝鮮人・台湾人は、いくつかの慣習的・制度的な差別を受けながらも、形式上は日本国籍を有する日本国民であった。終戦後、日本はこれら植民地を放棄する。そうすると、朝鮮・台湾出身者の立場はきわめて特異なものとなる。戦争の当事国（戦勝国たる連合国と敗戦国たる日本）以外の「第三国」の人たちだから、日本に住んでいても日本の法律がそのまま適用されることはない。これを利用して、本来は非合法である闇市を朝鮮人・台湾人が経営統括した。生活が苦しい時代であるから、これが日本人の嫉視《しっし》を呼び、従来からあった差別意識も反映し、「第三国人」が差別的に使われるようになった。

しかし、一九五二年の講和条約発効以後、終戦処理は徐々に進み、第三国人という規定そのものが無意味になり、死語化していった。

「第三国人」の歴史的経緯は以上である。新聞記者、雑誌編集者、ニュースキャスターらが、まちがった記述の『ハンドブック』一冊を盲信し続けてきたことも恐ろしいが、そもそも彼らが言葉《ロゴス》について何も考えていないことはもっと恐ろしい。言葉《ロゴス》の誤りが論理《ロゴス》の誤りを引き起こしているからだ。言葉《ロゴス》は論理《ロゴス》なのである。

二〇〇〇年四月、石原慎太郎東京都知事が「三国人発言」をして大問題になった。本文に書いたように、「三国人」は行政用語であり、差別語ではない。これを差別語化した張本人は、共同通信社の『記者ハンドブック』である。そして、明らかにまちがった記述を盲信して誤爆の筆誅《ひっちゅう》を繰り返してきたマスコミも同罪である。石原発言への誤爆の非難は、すべての『記者ハンドブック』の誤記に端を発している。私が本文を書く時に参照したのは同書の第七版（一九九四年三月）と第八版（一九九七年四月）だが、おそらく、かなり前からこの誤記は続いていたと思われる。つまり、十年も二十年も、あるいは三十年も、誤記を垂れ流し続け、批判精神や懐疑精神を持たぬ記者たちがそれを増幅してきたのだ。ところが、石原発言騒動が起きるや、さすがに『記者ハンドブック』を検証した人が出てきたのだろうか、第九版（二〇〇一年三月）から、次のように改変されている。

「例えば日米交渉で両国以外の国という意味で使う『第三国』はよいが、終戦直後に日本在住の朝鮮人、中国人に対して用いた『第三国人』『三国人』は使わない」

「戦争中」を「終戦直後」に改変したわけだが、この一句のまちがいは大きい。長年このまちがいを垂れ流し続け、石原発言誤爆騒動の原因になったことについての反省の言葉はどこにもない。しかも、支那人は三国人でないにもかかわらず、この誤記はなお継承されている。

索引

呉智英（くれ ともふさ／ごちえい）

評論家。一九四六年生まれ。愛知県出身。早稲田大法学部卒業。評論の対象は、社会、文化、言葉、マンガなど。日本マンガ学会発足時から十四年間理事を務めた（そのうち会長を四期）。東京理科大学、愛知県立大学などで非常勤講師を務めた。『封建主義 その論理と情熱』『読書家の新技術』『大衆食堂の人々』『現代マンガの全体像』『マンガ狂につける薬』『危険な思想家』『犬儒派だもの』『現代人の論語』『吉本隆明という共同幻想』『つぎはぎ仏教入門』『真実の名古屋論』『日本衆愚社会』『バカに唾をかけろ』など著書多数。加藤博子との共著で『死と向き合う言葉』（小社刊）がある。「呉智英 言葉の診察室」シリーズ全四冊（①『言葉につける薬』、②『ロゴスの名はロゴス』、③『言葉の常備薬』、④『言葉の煎じ薬』）がベスト新書より増補新版で刊行。

ベスト新書
613

ロゴスの名《な》はロゴス　言葉《ことば》の診察室《しんさつしつ》②

二〇二四年三月一五日　初版第一刷発行

著者◎呉《くれ》　智英《ともふさ》

発行者◎鈴木康成
発行所◎株式会社ベストセラーズ
東京都文京区音羽一-一五-一五
シティ音羽二階　〒112-0013
電話　03-6304-1832(編集)　03-6304-1603(営業)

装幀◎竹内雄二
校正◎皆川秀
印刷製本◎錦明印刷
DTP◎オノ・エーワン

©Kure Tomofusa,Printed in Japan 2024
ISBN978-4-584-12613-4 C0295
定価はカバーに表示してあります。
乱丁、落丁本がございましたら、お取替えいたします。
本書の内容の一部、あるいは全部を無断で複製模写(コピー)することは、法律で認められた場合を除き、著作権及び出版権の侵害になりますので、その場合はあらかじめ小社あてに許諾を求めてください。

呉智英著「言葉の診察室」シリーズ全4冊 増補新版

言葉につける薬
累計15万部超のベストセラー「呉智英 正しい日本語」シリーズの原点。教養としての国語力が身につく！

言葉の診察室①

2024年3月5日刊行

定価：本体1000円＋税

ベスト新書 612

ロゴスの名はロゴス
国語力とは論理力だ。言葉から思想の面白さが分かる！ 左翼も右翼も日本語を学べ！

言葉の診察室②

2024年3月5日刊行

定価：本体1000円＋税

ベスト新書 613

言葉の常備薬
トンデモ学説に騙されるな！ 言葉を粗末に扱う〝自称知識人〟に要注意。言葉から文化が見えてくる。

言葉の診察室③

2024年4月5日刊行

定価：本体1000円＋税

ベスト新書 614

言葉の煎じ薬
言葉を壊死させる似非文化人をぶった斬る。「言葉の深層」を抉る知的エッセイの集大成。

言葉の診察室④

2024年4月22日刊行

定価：本体1000円＋税

ベスト新書 615